IN UTERO

Nirvana

© Gillian G. Gaar, 2006
Esta versão foi publicada a partir do acordo com a Bloomsbury Publishing Plc.

Gillian G. Gaar

IN UTERO

Nirvana

Tradução de
Alyne Azuma

SUMÁRIO

Sobre a coleção **O LIVRO DO DISCO**   7

Agradecimentos   9

1. A vida no limite   13
2. A saga de "Sappy"   17
3. A sessão no Music Source   23
4. As sessões no Word of Mouth   27
5. As sessões no Brasil   33
6. As sessões de In Utero   43
7. A mixagem do álbum   71
8. Arte e videoclipe   83
9. No fim   101

Bibliografia   107

Sobre a coleção O LIVRO DO DISCO

Há, no Brasil, muitos livros dedicados à música popular, mas existe uma lacuna incompreensível de títulos dedicados exclusivamente aos nossos grandes discos de todos os tempos. Inspirada pela série norte-americana 33 ⅓, da qual estamos publicando volumes essenciais, a coleção O Livro do Disco traz para o público brasileiro textos sobre álbuns que causaram impacto e que de alguma maneira foram cruciais na vida de muita gente. E na nossa também.

Os discos que escolhemos privilegiam o abalo sísmico e o estrondo, mesmo que silencioso, que cada obra causou e segue causando no cenário da música, em seu tempo ou de forma retrospectiva, e não deixam de representar uma visão (uma escuta) dos seus organizadores. Os álbuns selecionados, para nós, são incontornáveis em qualquer mergulho mais fundo na cultura brasileira. E o mesmo critério se aplica aos estrangeiros: discos que, de uma maneira ou de outra, quebraram barreiras, abriram novas searas, definiram paradigmas — dos mais conhecidos aos mais obscuros, o importante é a representatividade e a força do seu impacto na música. E em nós! Desse modo, os autores da coleção são das mais diferentes formações e gerações, escrevendo livremente sobre álbuns que têm relação íntima com sua biografia ou seu interesse por música.

O Livro do Disco é para os fãs de música, mas é também para aqueles que querem ter um contato mais aprofundado, porém acessível, com a história, o contexto e os personagens ao redor de obras históricas.

Pouse os olhos no texto como uma agulha no vinil (um cabeçote na fita ou um feixe de laser no CD) e deixe tocar no volume máximo.

Agradecimentos

Agradeço a David Barker por me pedir para escrever este livro. Obrigado a todos os meus entrevistados ao longo dos anos: Steve Albini, Bill Arnold, Earnie Bailey, Anton Corbijn, Jack Endino, Robert Fisher, Craig Montgomery, Krist Novoselic e Charles Peterson, que responderam a repetidas perguntas. Um agradecimento especial àqueles que fizeram as transcrições, especificamente a Carrie Stamper e Natalie Walker; mas também a Katie Hansen, Nick Tamburro e Julia Voss. Obrigado ao dr. Chris Belcher e a Carol Nicholson por manter minhas mãos e meus braços funcionando. E a Carrie Borzillo-Vrenna, Kris Sproul, Alex Roberts, Mike Ziegler e à minha mãe, pelos serviços prestados. E, claro, agradeço ao Nirvana, por toda a sua música.

Para Jack Endino,
por querer mergulhar nos detalhes tanto quanto eu.

1. A vida no limite

O início de 1993 foi o melhor e o pior período para o Nirvana.

O lado bom foi que, no outono de 1991, eles foram alavancados, ao que pareceu, da noite para o dia (na verdade, foi o resultado de um trabalho árduo de cinco anos), da quase obscuridade para a dominação mundial. Seu segundo álbum, *Nevermind*, de 1991, não só representou uma guinada para a banda como foi um grande marco para toda a cena do rock alternativo. Aliás, quando *Nevermind* ultrapassou *Dangerous*, de Michael Jackson, chegando ao topo da parada de álbuns da *Billboard* em janeiro de 1992, isso marcou uma virada na indústria musical, na medida em que o próprio termo "rock alternativo" finalmente entrava para o léxico do *mainstream*, um gênero logo dividido em mercado "pré-Nirvana" e "pós-Nirvana".

Mas, ironicamente, o sucesso da banda também ameaçou implodir o trio, formado pelo guitarrista solo, vocalista e principal compositor Kurt Cobain, pelo baixista Krist Novoselic e pelo baterista Dave Grohl. Ainda que tenha sido negado na época, a intensificação do uso de heroína por parte de Kurt reduziu consideravelmente a agenda de shows da banda, que, quando de fato estava em turnê, tinha eventualmente shows cancelados por questões de "saúde" (em 1991, a banda fez 88 apresentações; em 1992, foram 35). Kurt participou de vários programas de desintoxicação ao longo do ano, mas quando um artigo na edição de setembro de 1992 da revista *Vanity Fair* afirmou que sua esposa, Courtney Love, tinha usado heroína durante a gravidez (uma acusação que ela sempre negou), o casal perdeu temporariamente a guarda da filha, Frances Bean Cobain, nascida em 18 de agosto. Uma disputa pelos direitos autorais das composições quase causou a separação da banda na primavera. Eles chegaram até a ser processados por causa do nome da banda por dois membros de um grupo britânico dos anos 1960 também chamado Nirvana (um caso que terminou num acordo extrajudicial de 100 mil dólares).

Mas, no fim de 1992, de algum modo as coisas tinham se estabilizado para o Nirvana. Desafiando os boatos sobre o rompimento da banda, eles foram a atração principal do Reading Festival, na Inglaterra, em 30 de agosto, que foi considerado por muitos uma de suas melhores performances. No final de outubro, a banda entrou em estúdio pela primeira vez em quase sete meses para começar a criar o sucessor de *Nevermind*. Em menos de um ano, *In Utero* seria gravado, lançado e, mais uma vez, chegaria ao topo das paradas da *Billboard*.

No entanto, apesar de estar longe de ser o álbum destruidor de carreira impossível de escutar que a imprensa especulou que seria, uma tentativa deliberada por parte do Nirvana de alienar seus novos seguidores, *In Utero* de fato funcionou como, nas palavras de Novoselic, "uma prova de fogo para nosso público... em termos de *mainstream*, não vai ter o apelo de *Nevermind*". *In Utero* era tudo menos *mainstream*, mas àquela altura de sua carreira a musicalidade da banda tinha um calibre tão alto que eles dificilmente conseguiriam voltar para a crueza de seu primeiro álbum, *Bleach*, de 1989. O álbum também foi muito mais aguardado do que qualquer um desses outros, e talvez tenha sido o trabalho mais estimado de 1993, que com certeza seria analisado em busca de qualquer pista sobre o estado de espírito da banda — e, em particular, de Kurt. Mesmo assim, apesar da pressão — do público, da gravadora, dos empresários e deles próprios —, o Nirvana admiravelmente ficou à altura do desafio. Embora *In Utero* não tenha alcançado o sucesso em vendas de *Nevermind* — não que a banda esperasse ou se importasse com isso —, foi um álbum de considerável profundidade, com imagens líricas e musicais surpreendentes que iam do punk corrosivo ao pop sofisticado, uma obra madura e confiante que foi, em grande parte, o resultado da criação de um homem que completou 26 anos enquanto o disco estava sendo gravado.

No entanto, o álbum teve uma gestação surpreendentemente longa. Canções que viriam a ser gravadas durante as sessões de *In Utero* em fevereiro de 1993 foram experimentadas pela primeira vez em 1990. A gravação também seria motivo de diversas polêmicas, do som de sua produção, passando pela arte da capa e pelo título das canções, até a concepção de seu único videoclipe. E depois do suicídio de Kurt Cobain em abril de 1994, apenas seis meses depois do lançamento, *In Utero* seria analisado ainda mais em busca de sinais da morte iminente do vocalista.

No fim, claro, é a música que importa, e enquanto *Nevermind* garantiu os elogios comerciais, com o passar dos anos, *In Utero* é cada vez mais citado como o trabalho artisticamente mais forte da banda. E dado que o disco tanto nasceu do extraordinário sucesso do Nirvana quanto foi uma reação a ele, a atmosfera carregada que envolve sua criação é tão parte de sua história quanto a própria música.

2. A saga de "Sappy"

Uma canção gravada nas sessões de *In Utero* que talvez tenha a história mais curiosa de todo o catálogo do Nirvana é a originalmente intitulada "Sappy". Durante três anos e meio, ela seria gravada quatro vezes, com três produtores diferentes (incluindo Steve Albini, produtor de *In Utero*), e dois bateristas diferentes. Foi a versão de *In Utero* que acabou sendo lançada, mas, mesmo assim, ela quase passou despercebida, aparecendo como uma faixa "secreta" sem crédito em uma compilação beneficente.

A primeira versão de que se tem notícia aparece em uma demo caseira em que Kurt acompanha a si mesmo na guitarra, gravada no fim dos anos 1980. É a gravação mais triste, com uma letra que divaga sobre as maneiras de se alcançar a felicidade, que Kurt canta quase como um sonâmbulo (ainda que não tenha sido lançada oficialmente, a versão foi pirateada). A banda a adicionou ao set de sua primeira turnê europeia no outono de 1989 e, nos dias 2 e 3 de janeiro de 1990, gravou sua primeira versão de estúdio no Rociprocal Recording, de Seattle, com o produtor Jack Endino (ainda que, nos álbuns do Nirvana, Endino tenha aberto mão do crédito de "produtor", preferindo "gravado por").

A banda já tinha trabalhado com Endino em sua primeira sessão de estúdio, quando fizeram uma demo de dez faixas com o baterista Dale Crover, e mais tarde em sessões do single "Love Buzz" e do álbum *Bleach*. Durante as sessões de "Sappy" (com Chad Channing na bateria), foram gastas, no total, dez horas em estúdio (sete no primeiro dia, três no segundo), na época o período mais longo que a banda tinha dedicado a uma única canção. "Eles acabaram gastando uma quantidade enorme de tempo", lembra Endino — boa parte dele tentando encontrar o som certo para a bateria. "Eles queriam, literalmente, uma bateria no estilo Albini", continua o produtor.

> Queriam muitos microfones ambiente e, para ser franco, a sala do Reciprocal era péssima para colocar microfones, não tinha boa ambiência. Fiz o melhor que pude, e de fato soa bem no estilo Albini, modéstia a parte! Passamos muito tempo experimentando reverbes, microfones ambiente controlados e fazendo muitas esquisitices durante a mixagem. Kurt sem dúvida queria tentar coisas diferentes, ele tinha ideias muito específicas de como queria que a bateria soasse e como queria que os vocais soassem. Foi por isso que demorou tanto.

Essa era a versão mais "rock" das primeiras versões de estúdio, com uma guitarra mais "suja" e um vocal num tom mais alto. A canção foi comprimida, sem as notas de abertura da introdução instrumental. A letra também ficou um tanto diferente, ainda que o refrão sobre estar em uma lavanderia fosse o mesmo em todas as gravações. Essa também foi a primeira versão a contar com uma ponte instrumental, que incluía um solo de guitarra de Kurt. Mas ela se manteve inédita até sua inclusão em *Sliver: The Best of the Box*, em 2005.

Três meses depois, quando o grupo chegou ao Smart Studios em Madison, Wisconsin, para trabalhar no que pensavam que seria seu segundo álbum para a Sub Pop, eles gravaram "Sappy" uma segunda vez (as sessões foram de 2 a 6 de abril de 1990). Foi a primeira vez que o Nirvana trabalhou com o produtor Butch Vig. Ainda que tenha sido gravada com a banda completa, essa versão tinha um quê mais acústico do que a demo original, com a bateria de Channing e o solo de Kurt mais contidos, além de contar com uma introdução instrumental de quatro compassos antes do início dos vocais. Essa versão não foi lançada, apesar de ter sido muito pirateada.

No decorrer do ano seguinte, muita coisa mudou para o Nirvana. Channing saiu da banda e foi substituído por Dave Grohl na bateria. O grupo contratou a agência Gold Mountain (que também cuidava do Sonic Youth, uma banda que o Nirvana admirava muito, e para a qual tinha feito shows de abertura), assinou contrato com a DGC, uma filial da Geffen (e também o selo do Sonic Youth), e, em 2 de maio de 1991, entrou nos Sound City Recording Studios, em Van Nuys, na Califórnia, para gravar sua estreia numa grande gravadora.

Oito meses depois, o álbum que o grupo gravou no Sound City, *Nevermind*, chegaria ao topo das paradas dos Estados Unidos. Kurt seria alçado ao posto de novo porta-voz de sua geração, e suas letras seriam extensamente resenhadas e analisadas. Mas havia outras três faixas gravadas durante aquelas sessões que não foram lançadas naquele disco, "Old Age", "Verse Chorus Verse" (ambas apareceriam na caixa de 2004, *With the Lights Out*), e mais uma versão de "Sappy".

"Obviamente, alguma coisa não tinha funcionado na versão anterior, e Kurt queria tentar de novo", conta Vig, que também produziu as sessões de *Nevermind*.

Talvez na cabeça de Kurt houvesse o pensamento de que aquilo se transformaria em algo incrível. Talvez ele achasse que, se a banda tentasse de novo, um dia tudo entraria no eixo. Talvez ele não quisesse desistir. Às vezes você tem uma composição, faz a gravação de um jeito e diz: "Não deu certo." Depois, tenta de novo. Mas depois de três tentativas, você precisa desistir. Você precisa entender que não era para ser. Talvez Kurt tivesse ouvido algo que nós não ouvimos, e era isso o que ele estava buscando, mas nunca conseguiu encontrar. Às vezes acontece; você imagina a canção de um jeito, e você sabe que vai ficar bom, mas se chega a um certo ponto e não dá certo, isso meio que te deixa louco.

A versão estava num tom diferente das anteriores, e trazia algumas mudanças na letra. O solo de guitarra, apesar de parecido com a versão anterior gravada com Vig, também tinha diferenças sutis, e era decididamente mais confiante. E a canção começava sem a abertura instrumental. Mas a banda parou de trabalhar nela, deixando essa versão no universo das especulações; se tivesse sido usada em *Nevermind*, que faixa ela teria substituído? O próprio Kurt alterou a lista de faixas de seu segundo álbum algumas vezes, como visto em seus diários, com várias listas incluindo "Sappy". Pouco do material dos diários está datado, mas presume-se que as listas tenham sido feitas antes da primavera de 1991, quando faixas emblemáticas de *Nevermind* como "Smells Like Teen Spirit" e "Come As You Are" foram compostas; uma vez que essas músicas aparecem na lista de faixas de Kurt, "Sappy" desaparece.

Mas Kurt não conseguiu deixar a faixa de lado. Quase dois anos depois das sessões de *Nevermind*, a banda voltaria a gravar a composição com Albini. "Alguma coisa levou Kurt a continuar insistindo", conta Krist Novoselic.

Talvez ele achasse que ia levar aquela música ao auge do sucesso. Ele tinha algum tipo de expectativa inatingível para ela, eu não sei. Todos nós tocamos do mesmo jeito. Gostei muito de como toquei baixo nela, então nunca mudei. Talvez ele só pensasse que em algum momento acertaríamos a execução dela ou algo assim.

A última performance ao vivo da canção aconteceria em 25 de fevereiro no Palatrussardi, em Milão, na Itália, menos de seis semanas antes da morte de Kurt.

3. A sessão no Music Source

"Eles tinham algumas ideias que queriam explorar"; assim é como Craig Montgomery relembra sua primeira sessão de gravação com o Nirvana em 1º de janeiro de 1991 no estúdio Music Source, em Seattle, onde a banda já tinha gravado cinco faixas com o produtor Steve Fisk em setembro de 1989 (com Channing na bateria). "Eu estava insistindo para me deixarem gravar com eles", Montgomery continua. "E um amigo meu tinha trabalhado no Music Source, e disse que conseguia nos colocar lá de graça. Eu era jovem e ingênuo, e achei que, se a sessão fosse muito boa, eles talvez me deixassem trabalhar no próximo álbum."

Montgomery era o técnico de som da banda desde a primeira turnê europeia do Nirvana no outono de 1989. Quando a sessão de janeiro de 1991 foi realizada, o grupo tinha contratado a Gold Mountain e estava se preparando para assinar com a DGC. Mas como o contrato não seria assinado até 30 de abril de 1991, e eles não tinham mais nenhum compromisso com a Sub Pop, seu selo da época, essa sessão parece ter funcionado como uma espécie de ensaio para a banda, e, considerando que foi a primeira sessão de gravação com o novo baterista, Dave Grohl, era uma chance de ver como o grupo ia funcionar junto no estúdio. Na noite anterior, o Nirvana tinha feito um show em Portland, Oregon, e ido de carro para Seattle; e apesar de Montgomery se lembrar do equipamento como "todo detonado", a banda, segundo ele, estava em boa forma. "Eles estavam prontos para trabalhar. Foram bem eficientes para os padrões do Nirvana."

A maior parte das sete faixas gravadas, com exceção de "Token Eastern Song" (que tinha sido gravada com Fisk e fazia parte do set ao vivo da banda, mas nunca foi tocada de novo depois dessa sessão), seria lançada depois, de alguma forma: "Aneurysm" e "Even in His Youth" (esta também gravada anteriormente com Fisk) foram lançadas mais tarde naquele ano no CD single de "Smells Like Teen Spirit"; "On a Plain" foi regravada para *Nevermind*; e "Oh, the Guilt" foi regravada e lançada num compacto dividido com o grupo Jesus Lizard, em 1993. Duas canções seriam regravadas para *In Utero*: "Radio Friendly Unit Shifter" e "All Apologies".

"Radio Friendly" (que ainda não tinha título na época) era uma composição nova que tinha surgido durante as jam sessions da banda. Acredita-se que ela tenha sido tocada uma vez, em um show no clube Off Ramp, em Seattle, em 25 de novembro de 1990, e um clipe de 29 segundos supostamente dessa apresentação chegou à internet em 2002. De onde quer que tenha vindo o trecho, a estrutura musical é parecida com a versão final, mas a letra é completamente diferente. A versão gravada com Montgomery tem um vocal rouco quase inaudível e, no fim das contas, pode ser considerada uma faixa instrumental.

Mesmo nessa fase inicial, a base instrumental estava toda finalizada; um único riff que conduz a faixa é tocado durante toda a sua extensão, exceto em uma ponte instrumental. Mas o que poderia ter se tornado monótono nas mãos de outra banda é surpreendentemente envolvente, uma vez que a faixa apresenta o Nirvana em seu melhor momento como power trio — guitarra, baixo e bateria se unindo para formar um todo potente. A força da bateria de Grohl também deixa claro qual era seu atrativo para Kurt e Krist; só Dale Crover tinha tocado a bateria com tanta intensidade. "Dave foi um sopro de ar fresco", diz Montgomery. "Ele sabia tocar com solidez e consistência, sabia cantar e era divertido."

"All Apologies", em contrapartida, existia desde 1990, e a banda só começaria a tocá-la na turnê do outono de 1991. A versão do Music Source tinha uma atmosfera claramente diferente da versão posterior, num estilo pop-folk mais animado, com Kurt tocando o hipnótico riff principal acompanhado de Novoselic também na guitarra, em vez do baixo. "Krist estava tocando esses acordes com sétimas que dão à coisa uma sensação diferente do que a música teria depois", explica Montgomery. Os floreios de pandeiro que acentuavam a bateria acrescentaram à faixa um toque mais leve, semelhante ao espírito pop de "Sliver".

No entanto, como de costume, ainda que o arranjo estivesse em grande parte resolvido, a letra estava longe de ser finalizada, e seria modificada substancialmente para a versão final. Uma demo sem data de "All Apologies" aparece na caixa *With the Lights Out*, com Kurt no violão, e a letra é mais próxima da versão lançada, o que indica que a demo foi gravada depois dessa sessão de 1991. "É de conhecimento geral que as letras sempre vinham por último para Kurt, às vezes só quando chegava a hora de gravar para valer", diz Montgomery. "Acho que talvez fosse uma fonte de ansiedade ou estresse para ele. É como precisar estar com a lição de casa pronta para a escola. Não é que lhe faltassem palavras, porque ele estava sempre escrevendo. Mas compor letras de música é difícil. Não é fácil."

Tanto os diários quanto a biografia autorizada do Nivana, *Come As You Are*, escrita por Michael Azerrad, reproduziram rascunhos das letras de Kurt, mostrando o quanto ele mexia nelas antes de gravar a versão final das canções.

Além de um ou outro overdub instrumental, "a sessão foi bem rápida e rústica", conta Montgomery.

> Montar tudo, obter os sons, tocar um monte de faixas e fazer um pouco da mixagem em um dia é de fato rápido e rústico. Então, meu pensamento durante a sessão não estava voltado para a música, era mais técnico. Os vocais eram todos voz guia, não refizemos nenhuma faixa de voz, era tudo Kurt gritando na sala junto com a bateria e as guitarras em um microfone de voz que não era muito bom. Foi só um dia de brincadeiras, basicamente. Minha expectativa era mostrar a eles do que eu era capaz no estúdio. É difícil começar a gravação, e poder sentar ali e ter uma banda como o Nirvana como sua cobaia é uma oportunidade enorme. Eu estava aprendendo na prática, e eles também — todos nós estávamos.

Sobre a música em si, Montgomery conta: "Havia algumas canções ali de que eu gostava muito e pensava 'uau, essa música é incrível, eles podem fazer alguma coisa com ela de verdade'". Eles logo fariam.

4. As sessões no Word of Mouth

"Vamos entrar em estúdio assim que voltarmos para Seattle", Kurt declarou para o jornalista Everett True em 30 de junho de 1992, enquanto falava do próximo álbum do Nirvana. "O que eu gostaria de fazer é ir para o Reciprocal com Jack Endino… gravar as composições com Jack em uma mesa de oito canais, gravá-las em outro lugar em uma mesa de 24 canais com Steve Albini, e depois escolher o melhor." Apesar de nenhum dos dois produtores ter sido contatado àquela altura, o que ele tinha imaginado de fato aconteceria. O Nirvana não pisaria em um estúdio pelos próximos quatro meses, mas, quando aconteceu, de fato foi no Reciprocal Recording, que nessa época tinha sido rebatizado de Word of Mouth. E mais uma vez estavam trabalhando com Jack Endino.

As únicas outras sessões de estúdio do Nirvana em 1992 aconteceram em abril no Laundry Room, que na época ficava em West Seattle e era administrado por Barrett Jones, um amigo de Dave Grohl da Virgínia. Em 7 de abril de 1992, a banda gravou três canções no Laundry Room, "Curmudgeon" e "Oh, the Guilt", que acabaram sendo lançadas em singles, e "Return of the Rat", que foi parar em um álbum em homenagem ao Wipers. Ainda naquele mês, eles gravaram uma versão instrumental de "Frances Farmer Will Have Her Revenge on Seattle". Embora seja mais lenta do que a versão final, essa gravação anterior mostra que o arranjo já existia.

A gravação feita entre 25 e 26 de outubro de 1992 no Word of Mouth seria composta por faixas instrumentais, com uma exceção. Endino não trabalhava com a banda em estúdio desde julho de 1990, quando o Nirvana gravou "Sliver" no Reciprocal, e ficou imediatamente impressionado com o alto grau de tensão entre os membros da banda. "A atmosfera estava pesada", Jack recorda.

> Tudo estava muito tenso. Não havia nenhuma comunicação entre eles. Eles mal estavam se falando. Quando trabalhávamos juntos antes, eles não perdiam tempo; por isso foi um choque tão grande — tudo estava completamente diferente naquela sessão. Eu disse isso muitas vezes, que o que eu via ali era uma banda totalmente disfuncional que nem conversava entre si.

Acrescente-se à tensão do primeiro dia o fato de Kurt ter chegado muitas horas atrasado. "Eu me lembro de perguntar: 'Isso é normal? Por que ele está tão atrasado?'", conta Endino. "E quem quer que seja deu de ombros e disse: 'Você se acostuma quando está lidando com o Kurt.' Mas quando começaram a tocar, eles tocaram para valer e passaram pelas músicas bem rápido."

A gravação finalmente começou em 26 de outubro. As sessões começaram com três takes de "Dumb", todos instrumentais, apesar de a faixa ter sido tocada ao vivo desde 1990. Por mais que Kurt menosprezasse a estrutura tradicional estrofe-refrão-estrofe, em "Dumb" ele seguiu a fórmula à risca: estrofe, refrão, estrofe, refrão, ponte, estrofe, refrão, estrofe e quatro acordes finais de encerramento. As performances foram contidas; a canção foi uma das poucas do Nirvana a se manter contida do começo ao fim (semelhante a "About a Girl", de *Bleach*).

Quase como se precisasse gastar energia, a banda gravou então uma jam improvisada, parecida com a barulheira que costumavam fazer durante os ensaios. Endino sempre teve carinho por essa jam. "Eu acho incrível!", ele conta. "São uns quatro minutos só de guitarra atacando. E não tem nada daquilo em nenhum dos álbuns, você nunca os ouve tocando daquele jeito." Um trecho dessa jam apareceu no DVD *With the Lights Out*.

Depois disso, a banda voltou ao trabalho, com três takes instrumentais de "Frances Farmer Will Have Her Revenge on Seattle". Sem a letra, é ainda mais fácil de ouvir a marca registrada da dinâmica suave/forte da banda — a "fórmula" do Nirvana — em ação, com as estrofes começando discretamente, ganhando corpo ao final de cada verso, até finalmente o refrão explodir com força total. Entre o segundo e o terceiro takes da faixa, a banda também gravou "tourette's", uma canção que estreou no Reading Festival dois meses depois. A faixa é uma versão mais estruturada da jam que o Nirvana tinha tocado mais cedo naquela sessão, com um riff penetrante tocado repetidas vezes ao longo da faixa, interrompido por cortes súbitos, como se fosse necessário recuperar o fôlego antes de mergulhar de novo. Embora Kurt tenha gritado letras indecifráveis no Reading, essa versão permaneceu instrumental.

Os dois takes de "Pennyroyal Tea" também foram instrumentais, ainda que a canção tenha sido composta na época em que *Nevermind* foi gravado e tocada desde 1991, com a letra em diferentes estágios de finalização. Mas a banda claramente ficou satisfeita com o arranjo, pois ele acabou sendo usado em *In Utero*.

O primeiro take de "Rape Me" também foi instrumental. A faixa foi executada pela primeira vez em 1991, ainda que àquela altura a letra da ponte não tivesse sido escrita. A canção tinha estado no centro de uma discussão acalorada no mês anterior, quando o Nirvana quis tocá-la na cerimônia do MTV Video Music Awards em 9 de setembro. Os executivos da MTV não ficaram felizes com o fato de que a banda não só não quisesse tocar um de seus singles de sucesso, mas também quisesse apresentar uma canção cuja letra era tão polêmica. O Nirvana só recuou quando foi informado de que um amigo que trabalhava na emissora seria demitido se eles tocassem a faixa. Mesmo assim, Kurt não resistiu e provocou a MTV, tocando os acordes de abertura de "Rape Me" antes de começar "Lithium".

O segundo take trouxe os vocais de Kurt, os backing vocals de Grohl e outro elemento mais perturbador, os gritos de Frances Bean Cobain, filha de Kurt. No segundo dia de gravação, Courtney tinha chegado com Frances a tiracolo, e Kurt a segurou enquanto gravava a voz. "A canção deveria ser muito provocadora", conta Endino, "e ter um bebezinho ali é como 'qual é, sou inocente'. O que poderia ser mais desconcertante do que a sobreposição de alguém cantando 'Rape Me!' [Me estupre!] e o som de um bebê chorando?" Sem dúvida o choro de Frances acrescentou um subtexto inquietante ao tema já incendiário — como os fãs do Nirvana ouviriam por conta própria quando essa versão foi lançada em *With the Lights Out*. A caixa também traz uma demo caseira de "Rape Me" que supostamente é de 1992, ainda que a letra seja bem diferente da que Kurt já tinha cantado em shows.

A última faixa gravada nessa sessão foi um take instrumental de "Radio Friendly Unit Shifter". Trata-se de uma versão mais pesada e crua do que a gravada anteriormente com Montgomery, com mais ruídos estridentes da guitarra de Kurt e a bateria de Grohl especialmente intensa — forte o bastante, aliás, para atrair a atenção das autoridades. "Desde 1986, havíamos recebido uma reclamação por barulho, que foi quando eu estava gravando o grupo Vexed", conta Endino.

Mas quando Dave Grohl estava na bateria, pelo jeito, ele tocava mais alto do que todos que haviam gravado lá nos últimos anos, e a polícia apareceu e me pediu para abaixar o som. E eu disse: "Sabe, quem está tocando ali é o Nirvana, eles são gigantes." Mas um policial disse: "Não quero saber quem está ali, você precisa abaixar o som."

Com isso, a sessão acabou.

Ciente de que a banda estava se preparando para gravar seu terceiro álbum, mas infeliz com o quão tensas as sessões tinham sido, Endino estava confuso sobre trabalhar com o Nirvana de novo. "Durante as sessões, tudo o que eles fizeram foi falar de Albini", ele recorda.

Kurt dizia: "O que você acha? Você acha que devíamos chamar o Albini para fazer o disco?" E o que eu vou responder? "Não. Vocês deviam me chamar para gravar o álbum." Só fiquei de boca fechada. Era óbvio que a gravadora ia querer um *Nevermind* versão 2, e a banda claramente não ia fazer isso. Quero dizer, eles contaram para todo mundo que queriam gravar um álbum de punk rock bem agressivo. Então, quem quer que acabasse sendo o produtor ia ficar entre a cruz e a espada; ou ele teria de ser um completo escroto com a banda, e nesse caso eles iriam odiá-lo, ou ia fazer o que a banda queria e ter o peso da gravadora sobre sua cabeça. E, provavelmente, a única pessoa no mundo que poderia suportar isso é o Albini; ele consegue de fato fazer o que quer e enfrentar a gravadora e dizer não. Acho que eu teria amarelado. Francamente, eu estava meio que dizendo: "Bom, se quiserem que eu faça, eu faço, mas se não me chamarem de novo, não vou reclamar."

Endino realmente perguntou se a banda queria voltar depois para gravar os vocais. "Kurt respondeu algo como: 'Ah, bom, a gente te liga e avisa'", ele disse.

Mas ninguém marcou outra sessão para finalizar. E nunca ligaram para pedir as fitas. Eles realmente não se deram o trabalho. Tenho a sensação de que alguém os tinha feito vir fazer a demo só por fazer, que não tinha sido ideia deles. Não perguntei diretamente, mas eles não pareciam muito interessados.

Mesmo assim, vale a pena comentar que, além da jam, o Nirvana gravou versões de todas essas canções para *In Utero*.

Nas caixas de fitas máster estava escrito "S. Ritchie" na lateral, a pedido da banda, tanto como uma piada interna (tirada do nome verdadeiro do baixista do Sex Pistols, Sid Vicious — John Simon Ritchie) quanto como uma forma de desviar a atenção das pessoas que teriam reparado em uma caixa com "Nirvana" marcado no depósito do estúdio. Quando o estúdio fechou no ano seguinte, Endino levou as caixas para casa. "Estava só esperando alguém me dizer o que fazer com elas. Nunca contei para ninguém que estavam comigo." Ele as guardou até 1998, quando começaram os trabalhos de *With the Lights Out*, e entregou-as para Novoselic.

5. As sessões no Brasil

Em janeiro de 1993, o Nirvana veio para o Brasil fazer dois shows, em São Paulo, no dia 16, e no Rio de Janeiro, no dia 23. Enquanto estava no Rio, a banda foi aos estúdios da BMG Ariola, de 19 a 21 de janeiro, e gravou mais demos. "Era o estúdio chique da BMG no Rio, mas era a sala B", diz Craig Montgomery.

> Na verdade, era mais legal do que a sala A porque tinha uma mesa Neve antiga e um gravador de rolo Studer antigo incrível. Mas o equipamento era velho, e levou um tempo para descobrir como fazer os fones de mixagem funcionarem. Então foi um pouco frustrante. Você não deixa a maior banda do mundo esperando enquanto tenta fazer os fones funcionarem, essas coisas deveriam estar ligadas antes deles chegarem. Mas quando colocamos tudo para funcionar, foi um bom ambiente de gravação.

"Tínhamos tempo livre, então usamos o estúdio", Novoselic recorda. "Estávamos apenas brincando, experimentando algumas músicas, testando algumas linhas de baixo e riffs." Das nove canções gravadas, seis seriam regravadas mais tarde, e quatro delas apareceriam em *In Utero*. Todas as composições estavam mais desenvolvidas, se comparadas com a sessão anterior no Word of Mouth; até as faixas improvisadas tinham letra. E eram canções novas, a maioria ainda não tinha sido tocada ao vivo.

A maior parte das faixas foi gravada ao vivo, com pouco overdubbing. "Não refizemos nenhum vocal", conta Montgomery.

> Kurt queria cair fora. Ele foi o último a chegar e o primeiro a ir embora a semana toda. Os sons também ficaram mais diretos. Albini adora gravar o ambiente e as coisas espalhadas nele, e ouvir como aquilo reverbera nas paredes. Às vezes, você fica tão ocupado gravando o espaço que não soa muito musical para mim. Gosto mais de ouvir uma canção do que um ambiente, e você pode citar isso que eu disse no texto. Havia uma grande cabine de microfones muito bons, e eu me aproveitei dela. Coloquei microfones muito bons em tudo. E gastamos um tempo nos sons de guitarra. Além do microfone no amplificador, também coloquei um retorno direto, e é por isso que ficou aquele som muito direto e sujo. Kurt também gostava disso, ele queria aquele tipo de distorção direto na mesa. E àquela altura eu já tinha feito alguns álbuns para outras pessoas, então eu sabia melhor o que estava fazendo.

A faixa mais impressionante dessa sessão, que também seria um dos destaques de *In Utero*, foi a primeira canção gravada, "Heart-Shaped Box". Montgomery se lembra de ouvi-la pela primeira vez na passagem de som da banda em São Paulo. "Mesmo naquela época Kurt sabia que aquele era o single", ele conta.

> Era a fórmula para um single. Todo o restante do material que eles tinham era mais barulhento e mais corrosivo do que ela. Até o resto da equipe de som que estava ali na plataforma co-

migo disse: "Pois é, é uma boa faixa." Não sei se foi um esforço consciente da parte dele de compor o novo single, mas aquela era a *vibe*.

Earnie Bailey, técnico de guitarra da banda que também estava no Brasil, ficou igualmente impressionado. "Dava para saber que era uma canção importante em muitos sentidos", ele conta. "Dava para ver que tinha muito peso nela, mesmo na primeira vez que você a ouvia."

A faixa era uma canção de amor ostensivamente feita para a esposa de Kurt, ainda que, como "About a Girl", que era sobre uma namorada anterior, ela tivesse um quê claramente amargo. Bailey lembra que um título anterior dela era "New Complaint", e a "box" [caixa] a que o título e a letra se referiam era originalmente um caixão. Houve um take inicial dessa composição para testar o equipamento do estúdio, depois um segundo take foi gravado. Como sempre, a letra não tinha sido finalizada, e Kurt basicamente repete variações da primeira estrofe três vezes. A parte instrumental também tinha um solo muito mais experimental, mais próximo das improvisações do grupo. "Sou suspeito para falar, mas tirando o fato de que não tem um vocal pronto, eu na verdade gosto mais dessa sonoridade do que a da versão de *In Utero*", revela Montgomery. Essa versão apareceria mais tarde em *With the Lights Out*.

With the Lights Out também ofereceu uma oportunidade emocionante de ouvir uma canção do Nirvana em processo. Ao longo de nove minutos é possível ouvir "Scentless Apprentice" evoluindo de seu riff de abertura para algo que se aproxima de uma canção completa em um dos ensaios da banda. "Algumas faixas surgiram do nada", diz Novoselic. "Dave tinha aquele riff de 'Scentless Apprentice'. Aquilo veio basicamente de uma jam.

E eu lancei aquele outro riff depois. E tudo se juntou, cara!" Kurt contou a Michael Azerrad que tinha relutado, de início, em trabalhar na ideia de Grohl, porque tinha achado "um riff clichê do grunge do Tad". "Mas decidi compor uma música com aquilo só para fazê-lo se sentir melhor", ele conta, "e acabou ficando muito incrível". Nesse primeiro ensaio, o riff principal é executado com intensidade, e a guitarra de Kurt vai para lugares experimentais diferentes até chegar a um riff que faz uma espiral ascendente; os dois riffs se juntam e criam a base energética da faixa.

A "Scentless Apprentice" gravada no Brasil estava mais próxima de seu tempo de duração em *In Utero*, ainda que Kurt não se esforce para cantar letras inteligíveis. "Na época, a banda adorava tocar essa música", conta Montgomery. "Toda chance que tinham, eles a tocavam — na passagem de som, no estúdio. Acho que pode ter sido influência de Dave. Ele adorava tocar essa música, amava tocar esse tipo de som na bateria. É como uma marca registrada de Dave Grohl na bateria." Como a faixa ainda não tinha sido gravada oficialmente, a banda se dava certa liberdade com ela. Quando a tocaram ao vivo no show seguinte no Rio, ela se tornou uma jam expandida que durou quase vinte minutos.

Essa composição também mostra a natureza mais dura de muitas das faixas de *In Utero*. Bailey diz:

> Também houve algumas coisas que apareceram inicialmente como jams entre faixas e acabaram evoluindo e se transformando em canções. Mas em termos do que estava consistente e totalmente finalizado, "All Apologies" e "Heart-Shaped Box" foram algumas das primeiras que já se sabia que estariam no próximo lançamento. Outras, como 'Scentless Apprentice', eram tão dife-

rentes de qualquer coisa em *Bleach* ou *Nevermind* que não dava para ter certeza se era uma direção que eles estavam tomando ou algo que seria deixado de lado mais tarde.

O restante das faixas gravadas na sessão seguiam um caminho parecido, abrasivo e, de fato, agressivo, num contraste marcante com o trabalho mais melódico e mais pop da banda. "Milk It" também faz uso da fórmula do Nirvana de estrofes mais suaves e refrão mais pesado, mas mesmo as estrofes são tomadas pela tensão. "Na época, achei que estivessem só inventando coisas", conta Montgomery.

Então, fiquei surpreso quando ouvi em *In Utero* que a canção ficou relativamente intacta. Eles devem ter gostado do resultado, porque na época não parecia que sabiam bem o que estavam fazendo; dava a sensação de que era algo que estavam criando no momento, como se estivessem brincando — só tocando e vendo no que ia dar. Parecia bem improvisado.

Muito disso também pode ser dito sobre "Moist Vagina", que, no que diz respeito à letra, consistia em pouco mais do que o título (ainda que, como em "Milk It", a letra ainda não estivesse finalizada), combinado com uma guitarra muito pesada. Montgomery conta:

Acho que foi improviso também. Tinha muita coisa assim. Com certeza consigo distinguir entre as canções que já existiam e essas outras. Mas elas eram divertidas e contagiantes. Só não eram exatamente uma ideia musical. São descartáveis, pensei. São lados B. Só achei engraçado.

Ambas as versões das duas composições aparecem em *With the Lights Out*.

"I Hate Myself and I Want to Die" era um dos títulos provisórios de Kurt para *In Utero*, ainda que ele insistisse que "não passava de uma piada". A faixa que acabou ganhando esse título não tinha nome quando foi gravada pela primeira vez no Brasil, e começa com mais de um minuto de um barulhento retorno de guitarra. Mas a canção em si tem uma melodia contagiante, que sugere que ela poderia ter sido elaborada e transformada em algo mais forte, se Kurt tivesse tido interesse em desenvolvê-la mais. "Eu amo essa", Montgomery admite.

> Gosto do riff e da harmonia. A música é de fato diferente nas estrofes e no refrão, algo que a banda não estava mais fazendo muito, mas não é por isso que gosto dela. Eu apenas gosto da canção. Eles pareciam estar se divertindo quando tocavam essa música. Eu achava que poderia ter sido um hit. Meio que me faz lembrar de uma canção de *Bleach*, como se pudesse ser daquela época.

A canção foi lançada em *With the Lights Out*. O texto da caixa diz incorretamente que essa versão já tinha aparecido no álbum *The Beavis and Butthead Experience*. Na verdade, ela foi lançada pela primeira vez em *With the Lights Out*.

"Very Ape" abre com uma linha melódica irresistível saída diretamente dos tempos do new wave — daí seu título provisório, "Perky New Wave". A canção se funde com um longo trecho improvisado, talvez como resultado de Montgomery ter, de repente, ligado o toca-fitas. "Parte das sessões eram reservadas para jams não estruturadas", ele explica. "Então, nessas ocasiões, eu não necessariamente ligaria o gravador de 24 canais, eu só usava o

DAT. Mas se achasse que eles estavam fazendo algo bom, eu ligava o multipistas. Então, pode ter sido isso o que aconteceu ali." A faixa originalmente se chamava "I'll Take You Down to the Pavement", uma referência a um conflito entre Kurt e o vocalista do Guns n' Roses, Axl Rose, no MTV Video Music Awards no dia 9 de setembro, mas depois foi rebatizada de "Gallons of Rubbing Alcohol Flow Through the Strip". A canção flui por mais de nove minutos, alternando partes cantadas desconexamente e partes faladas por Kurt, com Krist e Dave fazendo um acompanhamento de fundo, pontuado por explosões ocasionais de ruído de guitarra. "Era só a gente fazendo merda", diz Novoselic.

"Gallons" e o resto do material gravado nessa sessão não eram demos de futuras canções, eram apenas exemplos dos tipos de jam que a banda fazia durante os ensaios. Esses momentos raramente eram captados em estúdio, em especial durante os primeiros anos da banda, quando o tempo de estúdio era dedicado a gravar as canções que eles tinham que gravar, o mais rápido possível. O que tanto "Gallons" quanto outras improvisações gravadas durante essas sessões oferecem é um olhar sobre o lado mais experimental de Kurt, e da banda, que não costumava aparecer nos álbuns ou nas apresentações ao vivo. Novoselic comenta:

> Devíamos ter gravado todos os ensaios. Porque às vezes a gente ensaiava, passava as músicas e trabalhava de verdade, tocava todas as músicas duas vezes, às vezes trabalhava em composições novas, e às vezes a gente só entrava ali e tocava livremente. E existem poucas gravações disso.

As divagações, as letras em fluxo de consciência, também revelavam o que estava escrito nos diários de Kurt.

"Gallons" seria lançada mais tarde como uma faixa bônus secreta nas cópias não norte-americanas de *In Utero*, surgindo vinte minutos depois da canção final do álbum, da mesma forma que "Endless Nameless" apareceu em *Nevermind*, dez minutos depois do fim da suposta última faixa, "Something in the Way". Mas enquanto "Endless Nameless" não estava listada no álbum, sendo assim uma faixa oculta de verdade, "Gallons" estava listada, além de ser mencionada como "Devalued American Dollar Purchase Incentive Track" [Faixa de incentivo de aquisição para o desvalorizado dólar americano], na capa também. "Eles não queriam que a versão norte-americana do álbum competisse com a versão europeia", explica Novoselic. "Então, a edição europeia precisava de valor agregado."

A próxima faixa a ser gravada nunca recebeu um título final, e foi chamada apenas de "The Other Improv" [O outro improviso] quando foi finalmente lançada em *With the Lights Out*. Ela é, na essência, a mesma coisa que "Gallons", apesar de ter bem menos foco. A música vagueia sem rumo, assim como o vocal de Kurt que a acompanha, que, mais uma vez, se alterna entre o canto e a fala (a única parte que se destaca é uma referência enigmática a "my death certificate" [minha certidão de óbito]). Segundo Montgomery:

> É só improvisação, a tentativa de inventar alguma coisa. Acho que ele tinha uma vaga ideia na cabeça; dava para ver que poderia ter se tornado alguma coisa no fim das contas. Mas são só ideias melódicas sem palavras ou sílabas. Krist não consegue nem acompanhá-lo porque não sabe para onde ele está indo. Dave tenta se situar e acompanhar.

Duas outras faixas também foram gravadas nas sessões. Uma, conhecida como "Meat" ou "Dave's Meat Song", acabou se revelando uma versão cover de "Onward into Countless Battles", da banda de heavy metal sueca Unleashed. Grohl gravou a canção por conta própria enquanto esperava o resto da banda aparecer, e tocou todos os instrumentos sozinho. Não é diferente do material que ele gravaria mais tarde com seu projeto paralelo Probot, que consistia em riffs poderosos e repetições estrondosas da palavra "Meat!" [carne]. Tanto Grohl quanto Kurt gravaram a si mesmos listando diferentes tipos de carne com voz de criança, enquanto Novoselic filmava. Um clipe dessa sessão aparece no DVD de *With the Lights Out*.

O DVD também revela a banda gravando a última canção das sessões, um cover de Terry Jacks, "Seasons in the Sun". A mórbida canção sobre um jovem morrendo tinha chegado ao número 1 das paradas em 1974, e foi o primeiro single que Kurt comprou. "Era só algo que eles queriam fazer por diversão", Montgomery conta sobre a faixa. "Eles gostavam de canções pop antigas e bregas, e de hits de bandas e artistas que só tiveram uma música de sucesso. A gente costumava ouvir ABBA o dia todo na van. Kurt com certeza tinha esse lado. Ele gostava de música pop." A banda também trocou instrumentos para a gravação, com Kurt na bateria (ele também canta, apesar de ter esquecido a maior parte da letra), Novoselic na guitarra e Grohl no baixo.

A gravação foi rápida, segundo Montgomery.

> Acho que boa parte aconteceu no primeiro dia. Quando engrenamos, eles simplesmente foram em frente. Acho que foi tudo em basicamente um take. Talvez depois, ou no segundo dia, tenha tido mais improvisação. Acho que àquela altura algumas pessoas

não queriam mais estar ali e foram embora. Então, quando começamos a trabalhar, foi bem rápido, do ponto de vista técnico.

A atmosfera também é claramente diferente das sessões de outubro de 1992, e todo mundo ficou satisfeito com o que foi feito. Montgomery conta:

> Eu me lembro de estar feliz com o som, em termos da instrumentação que foi registrada em fita. No que se refere à banda, acho que eles conseguiram fazer tudo a que se propuseram. Eles nem usaram todo o tempo que tinham. Tínhamos tempo sobrando (durante o qual Courtney Love gravou canções para sua banda, Hole). Eles só queriam lançar ideias para Steve.

Àquela altura, o Nirvana tinha gravado demos para todas as faixas que apareceriam em *In Utero*, com exceção de uma. Em pouco mais de três semanas, começariam as sessões finais de gravação.

6. A sessões de *In Utero*

Mesmo antes de o Nirvana assinar com a DGC, Kurt andava flertando com a ideia de trabalhar com Steve Albini. Novoselic recorda:

> Estávamos indo para Madison, Wisconsin, em 1990 [onde a banda trabalharia pela primeira vez com Butch Vig]. E estávamos ouvindo alguma coisa produzida por Steve Albini, acho que *Surfer Rosa*, do Pixies. Estávamos levando todas as nossas coisas em um trailer, então havia bastante espaço na van, e havia um pequeno sofá encostado na porta de trás. Kurt levanta o dedo e diz: "Nossa caixa vai soar assim!" Foi como se ele tivesse proclamado aquilo, porque estava sentado naquele sofá como um governante em um trono. E então o pneu furou!

O próprio Albini era músico e tinha sido membro da corrosiva Big Black e da Rapeman, com seu nome provocador. Ele também era produtor, ainda que, como Jack Endino, preterisse o crédito "Gravado por". Junto com *Surfer Rosa*, *Pod*, do Breeders, foi outro álbum favorito de Kurt produzido por Albini. Ele também produziu Jesus Lizard, Naked Raygun e Jon Spencer Blues Explosion, entre muitos outros. Além disso, ele tinha a reputação de não ter muita paciência para a burrice, e de ser

43

muito franco sobre seu desgosto em relação às maquinações da indústria musical *mainstream*. "Não estou interessado em fazer parte de nenhum mercado musical", ele afirma. "Não quero desenvolver nenhuma relação com essas figuras, esses tipos administrativos, essa gente de gravadora. De modo geral, essas pessoas são a escória, não quero ter nada a ver com elas."

Kurt viu Albini pela primeira vez no último show do Big Black, que aconteceu em 9 de agosto de 1987, no Georgetown Steamplant, em Seattle. Ainda que mais tarde tenha dito a um jornalista que não era "muito fã do Big Black", Kurt gostava dos outros trabalhos de Albini, e, depois do sucesso de *Nevermind*, a banda ficou interessada em obter um som mais agressivo em suas gravações, que refletisse melhor suas raízes musicais. "Foi nosso segundo álbum [por um grande selo]", conta Novoselic. "E todo mundo estava de olho. Então pensamos: "Vamos fazer um disco indie de verdade.'" As sessões de abril de 1992 no Laundry Room e as de janeiro de 1993 no Brasil mostram que eles ainda eram capazes de produzir canções com rapidez, como nos tempos da Sub Pop. O lançamento de *Incesticide*, uma compilação de material dos primeiros anos da banda, no fim de 1992, serviu de lembrete para os novos fãs de que a música do Nirvana nem sempre teve a sofisticação das faixas de *Nevermind*. O apelo de trabalhar com alguém tão objetivo quanto Albini, que tinha muita credibilidade na cena indie, era óbvio.

A banda tinha feito tantas declarações públicas em 1992 sobre querer Albini que circulavam boatos de que ele tinha assinado contrato oficialmente para produzir o álbum. O problema era que o próprio Albini não tinha sido avisado. "A imprensa relatou isso repetidas vezes", ele conta.

Eu estava tendo que lidar com isso todo dia. As pessoas estavam me perguntando sobre o assunto, não só passantes, mas clientes em potencial, outras bandas, e aquilo estava efetivamente afetando meus negócios. Então, mandei uma carta para o jornal dizendo: "Eu não fui contatado pelo Nirvana, vocês não entraram em contato comigo antes de mandar imprimir o jornal."

A negação de Albini foi publicada — e, depois dela, os empresários da banda finalmente entraram em contato com ele.

Steve Albini nunca tinha visto o grupo ao vivo, ainda que fosse amigo do cofundador da Sub Pop, Bruce Pavitt. "Eu me lembro dele todo animado com o Nirvana", Albini conta. "Eu sabia de muitas coisas que tinham acontecido em torno da banda, e tinha ouvido o disco deles e tudo, mas não me considerava um fã. O que me fez mudar de ideia sobre eles foi vê-los trabalhando em estúdio."

Albini tinha tido conversas preliminares tanto com Kurt Cobain quanto com Dave Grohl, "só discutindo a abordagem para fazer o álbum e falando sobre álbuns de que eles gostavam e tal, que eu deveria ouvir para me familiarizar com o que a banda queria tentar fazer", ele conta.

Parecia que eles queriam fazer exatamente o tipo de álbum que eu me sentia confortável fazendo, e parecia que eles genuinamente gostavam dos álbuns que eu tinha feito, então a coisa pareceu legítima para mim. A razão por que decidi aceitar foi porque não só tive a impressão de que eles estavam sendo genuínos em querer meu trabalho, mas também de que estavam sendo genuínos sobre querer fazer um álbum para si mesmos. Isso é tudo o que me importa de fato. Eu não queria estar em uma posição de tentar satisfazer algum elemento externo. E eu não sabia se a banda teria autorização para fazer um álbum desse jeito. Eu só deduzi que se eles fizessem o disco e o entregassem para a gravadora, estariam em uma situação melhor em termos emocionais, e o álbum andaria mais rápido e seria melhor do que se tentassem fazer um álbum tentando ultrapassar obstáculos com a gravadora o tempo todo e tentando obter autorização das pessoas. Então, perguntei à banda se eu podia lidar diretamente com eles, sem ter de enfrentar a gravadora em nenhum momento, e eles responderam: "Sim, tudo bem." Então, todo o meu contato foi com a banda. Até hoje não sei, honestamente, se alguém na Geffen já falou comigo.

Ele admite, entretanto, que concordar em trabalhar no álbum depois de negar que ia fazê-lo "meio que criou a primeira de muitas micropolêmicas".

Quando ficou claro que eu ia aceitar o trabalho, parecia que eu tinha tentado criar algum tipo de negação meio nixoniana, para que, se tudo ficasse uma merda, eu pudesse sair daquilo sem nunca ter me associado publicamente à situação. Foi o começo de um período bastante bizarro, em que meus pais, entre outras pessoas, que tiveram a sorte de terem sido isolados de quase tudo relacionado à cena musical, começaram a ler coisas no jornal em Montana [onde Albini cresceu] sobre eu estar trabalhando em um álbum ou algum outro tipo de minipolêmica exagerada. Foi o começo do período "esquisito".

E as suspeitas de Albini sobre os "elementos externos" com que o Nirvana trabalhava não estavam erradas; as pessoas próximas à banda não ficaram muito satisfeitas com a escolha do produtor. "Não acho que ficaram muito felizes, porque Albini é muito iconoclasta", Novoselic confirma. "Ele critica abertamente as grandes gravadoras, o excesso, a pompa e o exagero musical." Tampouco os desejos artísticos da banda foram levados muito a sério por aqueles à sua volta. Ao tentar tranquilizar Gary Gersh, o representante de A&R do Nirvana, sobre Albini, Grohl contou para o jornalista Phil Sutcliffe:

> Eu disse: "Gary, cara, não fique com tanto medo, o álbum vai ficar incrível!" Ele disse: "Ah, eu não estou com medo, vão em frente, me mostrem o melhor que conseguem fazer." Era como dizer: "Vão e divirtam-se, depois vamos chamar outro produtor e fazer o álbum *para valer*." [ênfase de Grohl]

Mesmo que a gravadora achasse que a banda estava perdendo tempo, teve que reconhecer que eles não estavam desperdiçando dinheiro; o cachê de Albini foram modestos 100 mil dólares, e ele se recusou a receber direitos autorais ("Qualquer um que aceite direitos autorais pelo álbum de uma banda — além de quem de fato compõe as músicas e toca no álbum — é um ladrão", ele disse a Azerrad). E eles gravariam no mesmo local onde Albini tinha acabado de trabalhar com PJ Harvey em *Rid of Me*, os Pachyderm Studios, localizados perto da pequena cidade de Cannon Falls, cerca de 65 quilômetros a sudeste de Mineápolis, Minnesota. Parecia que a locação remota diminuiria as distrações externas, além de ser barata — diz-se que os custos foram míseros 24 mil dólares. Albini mandou para Kurt uma cópia de *Rid of Me* para que ele tivesse uma ideia do som do estúdio.

Albini também recebeu uma fita cassete do grupo, das canções em que eles tinham trabalhado no Brasil. Ele conta:

Eu imediatamente gostei mais delas do que das coisas que ouvi em *Nevermind*. O álbum *Nevermind* parecia muito confinado em seus parâmetros. Cada faixa tinha começo, meio e fim, e tudo era apresentado de uma forma que permitia que você ouvisse cada parte. Esse material novo, parte dele era meio disperso e sem rumo, e eu gostei daquilo, mas também havia momentos muito fortes e dinâmicos. Parecia que eles tinham feito uma ruptura conceitual em como queriam ser e como queriam se comportar enquanto banda, e como queriam que sua música soasse.

Pouco antes da viagem, houve uma crise de última hora com o equipamento. Earnie Bailey conta:

Na noite antes de embarcarmos no avião, recebi um telefonema apavorado. Eles estavam ensaiando na noite anterior, e Kurt disse que seu pedal Echo Flanger tinha quebrado. Quando essas coisas quebram, elas são muito complexas embaixo da superfície externa, e não quero dizer que são malfeitas, mas não tinham sido fabricadas com os padrões mais altos. Kurt disse: "É o álbum inteiro — *precisa* funcionar!" Ele estava usando esse Echo Flanger em todo o material, e acho que ficou preocupado de que o som não seria o mesmo sem ele. Então, eu disse que daria uma olhada. Nós nos encontramos na casa do Krist, e foi muito engraçado, porque eles abriram o pedal, e tudo o que ele tinha feito foi bater com o pé no botão AC que liga o aparelho! Foi hilário porque foi um conserto muito simples. Consegui resolver com uma chave Phillips e um alicate, e o nível de gratidão foi ridículo – "Cara, você salvou o álbum!" Tive que rir porque minha resposta foi: "Cara, essa foi a coisa mais fácil que eu já fiz."

A banda, registrada no Pachyderm como The Simon Ritchie Bluegrass Ensemble, chegou a Minnesota na segunda semana de fevereiro. O terreno do estúdio também tinha uma casa enorme onde os clientes podiam ficar, outro fator que ajudou o Nirvana a se concentrar no trabalho. "Ficamos isolados", conta Novoselic. "Não sei como sobrevivemos àquilo. Foi bem tranquilo. Por duas semanas, ficamos nessa casa, enjaulados no meio do nada, como num *gulag*. Tinha neve lá fora, não dava para ir a lugar nenhum. Nós só trabalhamos."

A gravação começou em 13 de fevereiro, e na maior parte dos dias a banda seguiu uma programação regular, começando o trabalho por volta do meio-dia, fazendo uma pausa para o jantar e retomando as atividades até por volta de meia-noite. "Era bem simples, bem direto", conta Novoselic. "E foi basicamente ao vivo. Algumas dessas músicas foram o primeiro take." A ética profissional da banda impressionou Albini. "Conquistamos o respeito dele", Novoselic continua. "Porque ele ficava ali perto do gravador com os braços cruzados. E nós tocávamos a maioria das músicas no primeiro, segundo take, e ele balançava a cabeça, como se dissesse: 'Certo, esses caras são de verdade.'"

Houve um momento em que se pensou que os serviços de Bailey seriam necessários. "Recebi uma ligação no dia em que eles chegaram ou dois dias depois. Estavam tendo algum tipo de questão." Ele conta:

> Eu não sabia ao certo do que se tratava, se era problema de afinação — não sei se eles não queriam se dar o trabalho de afinar os próprios instrumentos e achavam que não seria um grande problema me ter ali. Então, compraram uma passagem de avião para mim, e fiquei esperando a ligação. Aí falei com Krist por telefone, e ele disse que a gravação da maior parte dos instrumentos

estava finalizada! Eles fizeram a maior parte do álbum bem rápido; eu não estava esperando o *Rumours*, do Fleetwood Mac, mas também não esperava que fosse tão rápido. Eu me lembro de ficar muito empolgado com aquilo, só de pensar que a banda estava fazendo algo tão cru e espontâneo, e não sendo tão crítica a ponto de repassar e destruir tudo, sabe?

Como sempre, a maior parte das letras do álbum foi feita no momento da gravação. Albini se lembra de Kurt carregando um caderno com rascunhos de letras. "Muitas pessoas esperariam que eu escrevesse sobre os últimos dez anos e minhas experiências passadas — drogas, ter uma filha, a imprensa cair matando em cima da gente e coisas assim", disse Kurt a um jornalista um mês antes do lançamento do álbum. "Tem um pouco da minha vida [no álbum], mas a maior parte é bem impessoal." Foi um comentário incrivelmente malicioso, uma vez que as experiências recentes de Kurt permeavam praticamente todas as faixas do álbum. Os eventos cruciais de sua vida no ano anterior tinham sido o sucesso da banda e o resultante furor da mídia que isso causou, sua luta contra as drogas e o nascimento de sua filha. Como era de esperar, o álbum estava repleto de referências a bebês, nascimento e reprodução (o próprio título significa "no útero"), caça às bruxas, perda de privacidade, doença e enfermidade, e ambivalência em relação à fama. As canções expressavam uma profunda angústia que mais tarde faria alguns interpretarem o álbum todo como um pedido de ajuda, mas mesmo na época do lançamento, *In Utero* podia facilmente ser visto como um álbum que falava de doença física e espiritual. Mas a salvação de *In Utero* é que ele não sucumbe por completo ao desespero; os surtos de raiva e sarcasmo impedem que as canções afundem no desânimo abjeto. Em vez de serem soterradas pelas circunstâncias, suas canções em *In Utero* mostram Kurt — em grande parte — ainda capaz e disposto a reagir. Por isso, em meio aos trabalhos registrados do Nirvana, esse disco se revela a obra mais pessoal de Kurt Cobain.

A primeira canção da primeira fita das sessões, datada de 13 de fevereiro, é "Chuck Chuck Fo Fuck", uma referência óbvia ao ritmo do riff principal; ao final das sessões, ela foi rebatizada de "Scentless Apprentice". A canção foi inspirada pelo best-seller de Patrick Süskind, *Perfume: A história de um assassino*. O romance, que se passa na França no século XVIII, conta a história de um homem cujo próprio corpo não tem cheiro, mas que tem um olfato altamente desenvolvido. Aprendiz de perfumista, sua busca por capturar o "perfume perfeito" de mulheres virgens o leva a cometer assassinatos.

Como seria de esperar, a canção é uma das mais agressivas de *In Utero*, alternando entre o riff "chuck chuck" que Grohl criou e a resposta ascendente de Kurt, sustentados pela linha de baixo contínua de Krist Novoselic e a poderosa bateria de Dave Grohl. "É um bom exemplo da dinâmica do Nirvana em ação", conta Novoselic. "São três instrumentistas, mas tem muita coisa acontecendo." As estrofes contêm alusões à história do livro, mas é o refrão que chama atenção. Kurt parece resumir não só a misantropia do personagem principal do romance, mas também sua própria, nos gritos atormentados de "Go away!" [Vá embora!] ("Eu só queria ficar o mais longe possível das pessoas — o cheiro delas me enoja", ele disse a Azerrad quando discutia a canção.) Ao fim de cada grito, sua raiva se transforma em pura fúria, e sua voz quase falha, em uma das performances mais angustiadas e doloridas de Kurt. A canção é uma das poucas do catálogo do Nirvana em que a música é creditada aos três membros da banda.

Excreções e doenças são o foco de "Milk It", de início intitulada "PiL" (supostamente em homenagem à primeira banda de John Lydon pós-Sex Pistols), e depois, "Milk Made". Trata-se de um duro retrato da dependência química com estrofes quase murmuradas, marcadas por palavras como "parasite", "endorphins" e "virus" [parasita, endorfinas e vírus], nenhuma delas presente na versão gravada no Brasil. Em outros momentos, a letra parece não ser nada além de um jogo de palavras aleatório. As estrofes explodem em turbilhões de ruídos e gritos ao desembocarem nos refrões, ainda que a fúria seja um tanto amenizada pela breve risada de Kurt no fim do último refrão. Mas o cenário de total desolação é confirmado pela observação de que o único "lado bom" do futuro é o suicídio, com a canção chegando a um fim súbito depois dos gritos finais do vocalista.

"É uma canção incrível", diz Novoselic. "A letra é bem pesada. Criei uma linha de baixo contínua que meio que remonta a 'Teen Spirit'. É a mesma fórmula, mas é muito mais desconcertante, meio grotesca — é uma composição grotesca."

No entanto, os elementos desconcertantes tanto nessa faixa quanto em "Scentless Apprentice" foram o que mais impressionou o produtor. Alibini conta:

> Tem sempre uma ou duas composições em qualquer sessão que se destacam como a mina de ouro, algo como: "Uau, essa é uma canção impressionante, é aqui que tudo se funde, e é realmente incrível." Para mim, foram "Milk Made", ou seja lá qual for o nome que ela acabou recebendo, e "Scentless Apprentice". Essas são as duas que me marcaram como o maior passo da banda. Pareciam a maior ruptura com o estilo pop agressivo que eles estavam criando para si. Pareciam as mais ousadas do ponto de vista da sonoridade, e mais a minha praia, de todo jeito.

Sendo músicas novas, talvez ambas fossem também mais indicativas da direção futura que o Nirvana tomaria. Em 2005, Grohl citou tanto "Milk It" quanto "Heart-Shaped Box" como suas canções favoritas do Nirvana.

Na gravação das faixas, Albini também relembra:

> Nas duas, houve dois takes de voz. Houve um take em que a canção toda foi cantada e um em que Kurt cantou algumas partes para enfatizá-las ou algumas partes com uma qualidade de som diferente. Tem uma voz muito seca e muito alta que surge no fim de "Milk It", um vocal que é muito seco e desconfortavelmente alto. Foi algo que também foi feito no fim de "Rape Me", em que ele queria que o som de seus gritos se sobrepusessem ao som da banda.

Ainda que os berros de Kurt há tempos fossem reconhecidos como fundamentais para o som do Nirvana, nada que a banda tivesse gravado antes chegava perto da intensidade das performances vocais de *In Utero*.

Houve então outra tentativa de "Sappy". Foi uma escolha bem inusitada para as sessões, uma vez que o grupo não a tocava ao vivo desde novembro de 1990 (e depois, a canção só seria tocada mais três vezes). Essa foi a versão mais detalhadamente produzida da faixa com a banda, um pouco mais curta do que versões anteriores, com um andamento mais rápido e uma bateria claramente mais forte. Ela também começa sem a introdução instrumental de algumas versões anteriores.

Quanto ao porquê de a canção ser revisitada mais uma vez, Novoselic diz apenas:

> Nós gostamos de tocá-la. Criei uma linha de baixo quatro anos antes, e achei que ficou muito boa, então nunca mudei. Parece

que ninguém mudou nada. Dá para ouvir versões mais antigas de, por exemplo, "Lithium", ou o que quer que seja, e as linhas de baixo são diferentes, ou as guitarras... alguma coisa está diferente. Mas por que foi assim com essa música, toda vez que a gravamos, todo mundo fez tudo exatamente igual? Bom, eu estava totalmente feliz com ela, então, por que mudar?

Na verdade, a canção não ficou "exatamente igual" todas as vezes que a banda a gravou. Havia sempre algumas variações — a versão de Albini trazia um solo de guitarra diferente na parte instrumental, e estava num outro tom —, ainda que fossem evidentemente pequenas. E ainda restou um pouco de insatisfação com ela, uma vez que "Sappy" não apareceu em nenhuma das listas de faixas propostas para o álbum. "Eu de fato acho que é uma canção muito boa", é a conclusão de Albini. "Não me lembro de ela ser ruim. Mas acho que ela tinha passado da validade para a banda, pelo jeito."

Em seguida veio "Very Ape", que ainda se chamava "Perky New Wave", e que seria uma das faixas mais curtas de *In Utero*. Ela tem essencialmente a mesma duração da demo caseira e acústica que aparece em *With the Lights Out*, que supostamente foi gravada em 1993, com uma letra que parece semelhante à versão gravada no Brasil. Mas enquanto a estrutura musical da demo caseira, da versão feita no Brasil e da gravação de Albini é basicamente a mesma (ainda que essa última tenha uma performance mais sólida), a letra na versão de Albini é muito diferente. No fim, "Very Ape" é uma imitação do comportamento macho estereotípico, no estilo de "Mr. Moustache" em *Bleach*. É o próprio vocalista que é regressivamente "muito macaco" [very ape], primitivo, escondendo sua ingenuidade por trás de uma muralha de arrogância. Musicalmente, o aspecto mais interessante da canção é o riff persistente estilo new wave que percorre a canção como uma sereia em lamento, assim como o riff principal de "Lounge Act" em *Nevermind*. As harmonias agitadas também trazem uma banda new wave à mente, como Devo, um dos poucos grupos de cujas músicas o Nirvana fez covers.

Em 14 de fevereiro houve a primeira performance completa de "Pennyroyal Tea", sendo que o primeiro take foi instrumental. A faixa tinha sido composta durante o inverno de 1990-91, quando Kurt estava dividindo um apartamento com Grohl em Olympia, Washington. Mas apesar de ter sido tocada pela primeira vez em 17 de abril de 1991, no mesmo show em que "Smells Like Teen Spirit" fez sua estreia pública, e depois em sua turnê no outono de 1991, a canção pelo jeito não foi cogitada para *Nevermind*. Mais tarde, Kurt diria a Azerrad que ela tinha sido escrita "em cerca de trinta segundos", e a letra tinha demorado um pouco mais: meia hora. "Eu me lembro de ouvi-la e pensar: 'Meu deus, esse cara tem uma noção melódica tão linda, não acredito que ele fica gritando o tempo todo'", Grohl diria para a revista *Harp*.

Como houve pouca variação na letra de 1991 para 1993 (a letra da demo caseira que está em *With the Lights Out*, supostamente de 1993, é idêntica à da versão lançada), a versão instrumental gravada com Jack Endino provavelmente era só para acertar o arranjo. As estrofes transmitem uma profunda sensação de anomia, com cada verso mencionando algum transtorno ou pelo menos descontentamento (como no maravilhoso anseio da segunda estrofe por um "paraíso de Leonard Cohen"). A estrofe final, com suas referências a leite quente, laxantes e antiácidos, remete aos conhecidos problemas estomacais de Kurt, que lhe causaram dor durante boa parte de sua vida, mas nunca foram devidamente diagnosticados. ("Estou sempre com dor, e isso traz raiva para nossa música", declarou ao escritor Jon Savage. "Sou grato por isso, de certa forma.")

O título da canção faz referência a um método abortivo caseiro, ainda que a letra extrapole o que Kurt chamou de um "tema purificante" na esperança de limpar demônios internos, além de ser um meio de eliminar algo que estava "in utero". E apesar de a canção ter a fórmula do Nirvana de estrofes suaves e refrões barulhentos, o vocal de Kurt durante o refrão passa uma sensação lúgubre (com a harmonização de vocais acrescentando um grau de tensão), como se o vocalista estivesse suspenso em algum estágio entre o sono e a vigília (o que se soma às referências da letra à insônia). Esse elemento ficaria ainda mais aparente na performance acústica. Essa imagem de uma "realeza anêmica" aludia à própria natureza contraditória de Kurt; ser poderoso e, no entanto, se sentir impotente.

"Radio Friendly Unit Shifter" se chamou tanto "You Said a Mouthful" quanto "Nine Month Media Blackout" na caixa da fita, e em outros lugares também se referem a ela como "Four Month Media Blackout" (ainda que, mesmo que as entrevistas com a banda tenham sido limitadas de 1992 em diante, nunca tenha havido nenhum "blecaute da mídia" oficial). "Radio Friendly Unit Shifter" se refere a canções que são acessíveis e vendem bem — um single de sucesso, em outras palavras. Em todo caso, a letra não reflete de fato nenhum dos títulos, e transmite mais o que Kurt insistia ser seu método de composição usual — juntar frases que ele encontrava em seus diários. Mas alguns versos indicam um sentido mais pessoal. Há uma clara referência à privacidade, além de imagens de um parto ("my water broke" [minha bolsa estourou]). E o desespero do refrão, que repetidamente implora para saber qual é o problema, é seguido pela ponte, que expressa alguma esperança: encontre seu lugar e a verdade vai libertá-lo.

A canção começa com uma nota lamuriosa de guitarra, e, como Novoselic admite: "Tem apenas um riff na música inteira! Eu basicamente toco o mesmo riff a música inteira." Mesmo assim, a energia propulsora da faixa é inegável, e, embora Novoselic chame o título de "cínico e sarcástico", ele tem um quê de verdadeiro — a canção tem algo de contagiante e acessível (algo que a banda reconheceu abrindo praticamente todos os shows subsequentes com essa música). É revelador que ela não tenha recebido seu título final até a gravadora dizer para o Nirvana que o álbum não era suficientemente "radiofônico".

"Frances Farmer Will Have Her Revenge on Seattle" foi uma canção que veio para a banda bem intacta, segundo Novoselic. "Kurt a trouxe quase pronta. A letra ficou para o final. É por isso que em fitas de ensaio você ouve Kurt cantando 'foneticamente', apenas fazendo a melodia." Assim como "Scentless Apprentice", "Frances Farmer" foi inspirada por um livro, *Shadowland*, a biografia de William Arnold sobre a atriz, publicado em 1978. Frances Farmer nasceu em Seattle, em 1914. Nos anos 1930, ela ficou famosa por filmes como *Meu filho é meu rival*, mas, depois de ser presa por dirigir embriagada em 1942, sua vida caiu em uma decadência que resultou em sua internação em uma instituição psiquiátrica e lobotomização. Ela morreu de câncer de esôfago em 1970.

Kurt era fascinado pela biografia de Farmer desde que leu o livro de Arnold no ensino médio. E depois que se tornou um astro, ele se identificou ainda mais com a história de Farmer, em especial com sua natureza não convencional, seu desgosto declarado pelo mercado, pelo fato de ela ser perseguida pela mídia e por seu destino triste e injusto. Arnold trabalhou como crítico de cinema no jornal *Seattle Post-Intelligencer*, e Kurt fez diversas tentativas de entrar em contato com ele em 1993. Quando não houve resposta, Kurt contatou a editora de Artes e Entretenimento do jornal, que transmitiu a mensagem para Arnold. "Perguntei: 'Quem é Kurt Cobain?'", ele recorda. "Ela ficou chocada por eu não saber quem ele era."

Arnold não respondeu porque estava sendo incomodado por "centenas" de pessoas obcecadas por Farmer desde a publicação do livro, e imaginou que Kurt Cobain fosse só mais um deles. Mas Kurt foi persistente. "Ele ligou e deixou uma mensagem sem sentido", conta Arnold.

> Tenho uma vaga lembrança dele dizendo que tinha lido o livro quando estava no ensino médio, que o tinha conseguido na biblioteca de Aberdeen. Teve um grande impacto nele. E havia alguma coisa sobre ele achar que era parente do juiz Frater [que assinou a primeira ordem judicial para internar Farmer], e depois só divagações. Pensei comigo mesmo: "Preciso muito conversar com esse sujeito", mas eu estava lidando com outras coisas na época e não o fiz. Então ele se matou, e eu me senti muito mal.

Arnold só ouviria a canção após morte de Kurt, e escreveu um pequeno texto sobre seus desencontros com ele:

> O estranho para mim é a lição de que, quando vocês escreve alguma coisa, influencia as pessoas de maneira que nem imagina. E isso resulta em uma certa responsabilidade moral. Não sei que responsabilidade é essa, e não sei até onde ela vai, mas você a tem, quer goste ou não. Você não pode dizer apenas: "Bom, eu não me importo", porque as pessoas podem entender aquilo como quiserem.

Foi uma observação de que Kurt poderia ter se beneficiado, considerando seus comentários frequentes sobre o desejo de que existisse um "curso básico de rock star" que ele pudesse fazer para se adaptar à fama inesperada.

Em vez disso, a canção "Frances Farmer" exala uma raiva controlada, enquanto Kurt estabelece paralelos entre o tratamento injusto que sentia que ele e sua esposa tinham recebido sob o escrutínio das "falsas testemunhas", e o que Frances enfrentou (como era de esperar, ele também recorre a imagens de uma caça às bruxas). Mas também é uma canção sobre vingança, com Farmer voltando para queimar seus inimigos até acabar com eles, um caso raro de alguém saindo triunfante em uma canção do Nirvana. Mas esse alívio escapa ao próprio vocalista, que prefere afundar no esquecimento, desejando "o conforto em estar triste".

A versão de "Moist Vagina" gravada nas sessões com Albini não era tão diferente da gravada no Brasil, ainda que a de Albini tivesse um minuto final de ruído que termina com algo que soa como um gargarejo seco de Kurt. Em essência, é uma versão um pouco mais melódica do material improvisado que o Nirvana gravou no Brasil, e ainda que o título e a música agressiva não fossem parecer fora de lugar em *In Utero*, pelo jeito ela não foi considerada para a lista de faixas final do álbum. Também não se tem notícias de a canção ter sido tocada ao vivo. Talvez, como nas jams realizadas na última sessão com Endino, ela tenha sido apenas uma forma de fazer uma pausa.

"Punk Rock", depois rebatizada como "tourette's", é uma canção que, de acordo com Novoselic, data dos tempos da Go Team, uma compilação de músicos de Olympia com quem Kurt gravou um single. Ela tem o diferencial de ser a faixa mais curta de *In Utero*, com um minuto e 33 segundos de pura violência sonora, depois da introdução de brincadeira que diz "Moderate rock!" O título final, "tourette's," se refere à síndrome de Gilles de la Tourette, mais comumente conhecida como Síndrome de Tourette, uma condição que faz o portador dizer obscenidades involuntariamente. Kurt podia muito bem estar gritando obscenidades durante a canção, mas é difícil saber — a palavra mais inteligível é "Hey!" A música consiste em um riff de três notas que se repete; essa versão é uns bons quarenta segundos mais curta do que o take instrumental gravado com Endino, com apenas algumas repetições cortadas. O próprio Kurt admitiu para o escritor Dave Thompson que "não é uma canção tão boa", mas, mesmo assim, ela foi parar no álbum porque "combinava com a atmosfera".

A banda fez então a primeira tentativa da faixa que possivelmente define o álbum, "Heart-Shaped Box". Kurt a compôs no começo de 1992, mas depois teve dificuldades de desenvolvê-la com a banda. Antes de deixá-la de lado para sempre, ele decidiu tocá-la mais uma vez em uma jam, e dessa vez a coisa funcionou "de imediato", de acordo com Kurt. Isso claramente aconteceu antes da sessão no Brasil; àquela altura a maior parte da faixa já tinha sido desenvolvida.

"Heart-Shaped Box" era o exemplo perfeito da fórmula do Nirvana, com um riff contido e descendente tocado ao longo da estrofe, crescendo em intensidade até desaguar apaixonadamente no refrão. Kurt disse a Azerrad que a "ideia básica" da canção era sobre crianças com câncer, um tópico que o deixava insuportavelmente triste. Mas enquanto a canção de fato faz referência à doença, a letra parece lidar mais com dependências físicas e emocionais inerentes às relações. As imagens são especialmente impressionantes, com frases como "tar pit trap", "meat-eating orchids" e "umbilical noose" [armadilha de poço de piche; orquídeas comedoras de carne; e forca umbilical]. O fato de cada um desses símbolos femininos guardar um perigo em potencial significa que todos eles transmitem um medo que, no fim, equipara a intimidade a uma claustrofobia sufocante. No entanto, o vocalista não consegue, ou não quer, se afastar, rosnando para sua própria submissão no refrão sarcástico. Esse é um dos vocais mais marcantes de Kurt. O fato de que tantas canções do Nirvana terminam com gritos vigorosos significa que sua performance emotiva em momentos mais delicados às vezes é menosprezada, como a maneira perturbadora como sua voz falha enquanto canta as palavras "baby's breath" [hálito de bebê] ou "highness" [alteza], contrastando com a alegria maníaca com que canta suas novas reclamações no refrão. Outra das inspirações da canção foi a caixa em formato de coração cheia de conchas do mar, xícaras de chá, pinhas e uma boneca que foi o primeiro presente de Courtney Love para seu futuro marido.

Embora estivesse satisfeito com a performance como um todo, Novoselic fez objeções veementes a um efeito cintilante usado no solo de guitarra que ele achou "muito irritante".

> Foram estas as palavras que eu disse: "Por que vocês querem pegar uma canção tão bonita e jogar esse aborto horrível no meio?" E eles disseram: "Bom, eu não sei, ficou bom." Eles não tinham nenhum argumento bom, porque a estavam sabotando, era o que estavam fazendo. Kurt estava tímido. "Por que não pode simplesmente ficar bonita?" "Não sei." Eu insisti, insisti, insisti e insisti, mas eles não queriam ouvir.

Novoselic estava certo; o som dissonante do efeito rompe a atmosfera perturbadora da canção.

Outra faixa também gravada no dia 14 estava destinada a ser tornar um hino tanto quanto "Heart-Shaped Box": uma canção que na época se chamava "La La La", mas que acabou sendo intitulada "All Apologies". Essa versão era mais crua do que a gravada em 1991 com Craig Montgomery, sem retoques extras como o pandeiro. Assim como "Radio Friendly Unit Shifter", a faixa parece ser simples, com uma única linha melódica que se insinua durante a maior parte dela. Mas, de novo, a força da performance impede que a canção soe repetitiva, em parte devido ao acréscimo de uma linha melancólica de violoncelo (tocado por Kera Schaley, a única outra musicista a aparecer no álbum).

A letra e a performance resignada de Kurt também conferem à canção uma qualidade elegíaca. Nos versos, o vocalista carrega todos os problemas do mundo nos ombros, assumindo toda a responsabilidade, até mesmo virando as costas para sua obra, em uma canção que é tomada por culpa (ainda que Kurt insistisse que era "uma composição muito, muito sarcástica"). Assim como em "Dumb", o narrador olha de fora para dentro, dividido entre o desejo de ser incluído e a vontade de manter a independência e continuar sozinho. Era um conflito que Kurt nunca resolveu, e, depois de sua morte, muitos compararam essa canção a uma carta de suicídio. De novo, há um vislumbre de esperança no refrão, com o vocalista encontrando algum sentimento de unidade com o sol, ainda que a comparação entre ser casado e ser "enterrado" tenha inevitavelmente resultado em especulação da mídia sobre a situação do casamento do próprio Kurt — exatamente o tipo de atenção que ele despreza no restante do álbum (em entrevistas, ele disse que escreveu os versos antes de conhecer Courtney Love).

"Eu me lembro de gostar muito do som daquela canção como um contraste em relação às mais agressivas", conta Albini. "Eu me lembro de pensar que soava muito bem e mais leve, mas não soava convencional. Era uma espécie de som leve e cru que combinava com a banda."

No dia 15, a banda gravou a canção que viria a se chamar "I Hate Myself and I Want to Die", mas na caixa da fita foi representada com o desenho de um peixe. "Era só uma daquelas músicas meio sujas que a gente fazia", conta Novoselic. "Eram só muito problemáticas, doentes. São vulgares, mas são bem-feitas. Elas têm muita energia boa. São contagiantes." A faixa é em grande parte a mesma que a versão gravada no Brasil, com exceção da longa introdução e de um solo de guitarra diferente. Musicalmente, ela fica entre o material mais agressivo de *In Utero* e canções como "Heart-Shaped Box" e "Pennyroyal Tea"; o toque pop implícito faz com que não seja desagradável de se ouvir, ainda que a letra não seja marcante. Ela tampouco despertava muito interesse por parte da banda; Kurt a menosprezou como "uma canção típica e enfadonha", e a banda nunca a tocou ao vivo. O Nirvana também fez uma versão com um vocal falado de brincadeira sobreposto na faixa principal.

Então veio "Rape Me", que foi composta na época das sessões de *Nevermind* e foi apresentada durante a turnê do outono de 1991. Quando a faixa foi lançada, foi fácil interpretá--la como uma condenação ao assédio da mídia que Kurt sentia ter sofrido, especialmente enquanto sua introdução retrabalha os acordes de abertura do maior sucesso da banda, "Smells Like Teen Spirit". Mas, na verdade, a maior parte da letra estava finalizada antes que *Nevermind* fosse lançado, ainda que Kurt tenha admitido que o verso "favorite inside source" [fonte interna favorita], adicionado à ponte posteriormente, fosse um ataque direto à mídia (entre os agradecimentos do álbum estava: "Nossas fontes internas favoritas mundo afora").

O interessante é que a demo acústica da canção em *With the Lights Out*, que supostamente foi gravada em 1992, tem uma letra diferente; é curioso, uma vez que a canção já tinha sido tocada num show com a mesma letra que seria usada na versão de *In Utero*. Os versos parecem receber de braços abertos a violência, ainda que exista um ameaça velada de punição na performance sinistra de Kurt. Esse foi o caso especialmente no fim da canção. Assim como em "Milk It", sua voz foi gravada de modo a "se sobrepor à banda e se tornar uma presença muito desconfortável", conta Albini, ainda que "assustadora" seja uma descrição mais apropriada do que "desconfortável".

O resultado final é uma canção que tem um pouco de um convite submisso e um pouco de provocação desafiadora, uma mistura que confundiu e perturbou muitos ouvintes. Kurt se viu tendo de explicar repetidas vezes que a composição não pretendia defender nenhum tipo de violência. "É uma canção anti, me deixe repetir, antiestupro", ele explicou pacientemente para a MTV. O fato de *In Utero*, de início, ter sido banido de Cingapura e da Coreia do Sul por causa da faixa e de outras obscenidades deixou claro que ainda existiam pessoas que não entendiam o argumento. Em uma carta para as autoridades sul-coreanas, o empresário da banda, John Silva, enfatizou a relação da faixa com o assédio da mídia e escreveu: "[Kurt] usou a analogia de um 'estupro' para ressaltar o grau em que se sentiu violentado como resultado de ter se tornado uma celebridade." A justificativa para o uso da palavra "merda" em "Milk It" foi mais complicada, e ele declarou que a faixa tratava da exploração do talento de Kurt por uma indústria musical gananciosa. "Quando considerada ao pé da letra, mas com uma predisposição para a linguagem subjetiva, acho que os senhores vão concordar que a eficácia da canção se deve em grande parte à natureza explícita desse refrão [obsceno]", escreveu Silva.

"Serve the Servants" é uma canção que, pela lembrança de Novoselic, Kurt trouxe "praticamente pronta" (é a única de *In Utero* que não teve uma demo anterior feita pela banda). Também é sua faixa mais abertamente autobiográfica, como o próprio Kurt teve que admitir — as primeiras duas estrofes lidam com as consequências da fama, e as duas seguintes, com a família. Musicalmente, a faixa é um rock direto, talvez a mais franca de *In Utero*, com um ritmo sempre regular, assim como o volume, afastando-se da fórmula suave/forte do Nirvana.

A mania de perseguição de Kurt Cobain fica clara quando, mais uma vez, ele compara sua perseguição por parte dos "juízes autoproclamados" da mídia com uma caça às bruxas na primeira estrofe. Sua descrição da relação tumultuosa com o pai na segunda parte da canção revisita um tema familiar em sua obra, a infelicidade em relação à família, como em "Paper Cuts", de *Bleach*, e "Even in His Youth", um lado B de 1991 (em comparação, a demo caseira de *With the Lights Out* tem uma letra totalmente diferente). No entanto, no refrão, Kurt sardonicamente rejeita o impacto que o "lendário divórcio" de seus pais teve, da mesma forma que afirmou em entrevistas que suas próprias canções "não têm muito significado pessoal". Mas, nesse caso, estava claro o que Kurt queria dizer: "É assim que o Nirvana soletra sucesso: 's-u-c-k-s-e-g-g-s'",[1] David Fricke escreveu em sua resenha do álbum para a *Rolling Stone*. Mas a questão de por que um jovem que goza de um sucesso tão inesperado e de tanto dinheiro se sente "entediado e velho" continua sem resposta.

Dois anos e meio depois de ser escrita, "Dumb" foi finalmente gravada. "É uma bela canção", diz Novoselic. "Ela é muito

---

[1] N.T.: Em tradução livre, "c-h-u-p-a-b-o-l-a-s". "Suckseggs" é um trocadilho com a sonoridade de "success".

boa. Gosto da versão da BBC [gravada em 1991, que traz uma letra idêntica à de *In Utero*]. É bem crua, mas, mesmo assim, é uma bela canção. Uma canção pop e doce."

"Doce" na sonoridade, talvez, mas sombria em sentimento; "Dumb" tem uma letra completamente imersa em melancolia. Dessa vez, o forasteiro é também um recluso, totalmente mergulhado — se afogando? — no "conforto de estar triste", o mesmo estado que o narrador de "Frances Farmer" desejava. No entanto, como é o caso em muitas das canções mais calmas do álbum, a tristeza está marcada pela resignação, não pelo desânimo. De novo, o narrador está olhando de fora para dentro, e dessa vez parece estar tomado demais pela apatia para desejar mudar a situação. O vocal cansado de Kurt transmite a exaustão de um homem que não dorme há dias, mas deixou de se importar — mesmo quando ele canta sobre estar feliz (um sentimento muito incomum de ser expressado em uma canção do Nirvana), ele qualifica isso com um "talvez". A faixa é mais curta do que a instrumental gravada no Word of Mouth, sem a repetição de uma das estrofes. Uma linha de violoncelo acrescenta um quê delicado ao refrão e à ponte.

Albini se lembra do técnico do estúdio Pachyderm, Bob Weston, trabalhar primeiro com Grohl no material, que foi gravado em seguida. "Dave Solo" tinha apenas um minuto e meio de riff em estilo heavy metal, seguindo as mesmas linhas de "Dave's Meat Song", talvez com o propósito de ser um aquecimento. Não poderia ter sido um contraste maior com a canção que foi chamada de "Dave's Mellow Song", que Grohl já tinha lançado como "Color Pictures of a Marigold".

Grohl tinha lançado a canção em 1992 em sua fita cassete solo *Pocketwatch*, gravada sob o nome "Late!", em que ele toca todos os instrumentos. A versão é mais curta e mais bem produzida, o que potencializa sua natureza delicada e taciturna. Duas versões instrumentais foram feitas antes que Grohl gravasse uma com vocais. Quando foi lançada, a canção surpreendeu muitas pessoas que não tinham se dado conta de que Grohl lançava suas próprias canções fazia anos.

Depois de "Marigold", vem outro improviso, a instrumental "Lullaby". Órgão, baixo e bateria entram em espiral por três minutos em uma jam sem rumo que acaba com uma avalanche de bateria.

No dia 16, foram gravados mais takes de "Pennyroyal Tea" e "Heart-Shaped Box", e então as faixas básicas do álbum foram finalizadas. "A gravação foi muito objetiva", conta Albini. "Eles fizeram um take básico juntos, tudo gravado ao vivo. E em quase todas as faixas, Kurt acrescentava uma, às vezes duas guitarras adicionais. Eu diria que foi basicamente isso."

Então Kurt gravou os vocais com eficiência (um relato afirma que todos os vocais foram feitos em seis horas). A essa altura, ele tinha se tornado um cantor muito mais expressivo do que era em *Bleach*, e sem as vozes dobradas e outros efeitos usados em *Nevermind* é possível ter uma ideia melhor do que ele era capaz como vocalista. É especialmente notável a extensão de seu alcance emocional, de gritos frenéticos até uma performance mais delicada, e mesmo reconfortante. Da mesma forma, o álbum também destaca as habilidades dos três membros como músicos. O Nirvana não era uma banda de uma nota só capaz apenas de fazer um som pesado; eles eram um grupo que sabia tocar de verdade. As forças melódicas das canções do Nirvana mais tarde seriam reveladas com clareza na performance acústica do *Unplugged in New York*.

A mixagem foi feita ao longo de cinco dias. "Também foi bem objetiva", Albini recorda. "Nós basicamente aumentamos os faders, fizemos uma equalização decente e pronto. Então, não fizemos muita besteira em nenhum momento. Acho que conseguimos mixar duas ou três canções por dia."

A banda também tirou um tempo para relaxar e foi para Mineápolis ver o Cows uma noite. E também passaram vários trotes. Em um dado momento Grohl ligou para Silva, dizendo que depois de três dias ele ainda estava fazendo a passagem de som na caixa da bateria — e depois teve de explicar às pressas para o empresário que estava só brincando. Bailey também foi atualizado sobre as sessões. Ele conta:

> Em um dado momento, Dave descreveu para mim uma ideia que Albini teve sobre colocar os microfones suspensos no alto da sala e deixá-los balançando de um lado para o outro sobre os pratos da bateria. Não acho que eles chegaram a fazer isso, mas foi algo que me deixou empolgado porque gostei da ideia de algo meio caótico na gravação.

Courtney Love apareceu com Frances durante a segunda semana das sessões, o que resultou em um conflito. Mas, em geral, a atmosfera de trabalho era positiva, com uma camaradagem que ficou evidente para Albini. "Kurt era o compositor principal e o vocalista, mas os outros dois membros tiveram muito mais envolvimento com a sonoridade final e os rumos da banda do que o crédito que receberam", ele conta.

Albini também teve uma impressão favorável dos membros do ponto de vista pessoal. Ele relata:

> Dave, Kurt e Krist tinham um jeito brincalhão de lidar com as coisas. Gostei muito da companhia deles e me diverti. Kurt foi mais reservado de início, mas acho que era de se esperar, porque ele

não me conhecia. Ele não tinha motivo para confiar em mim nem nada. Não tentei chegar a nenhum grau de intimidade com ele, por respeito à pressão que ele devia sentir todo dia — pessoas tentando se aproximar dele o tempo todo. Decidi dar a ele a distância que ele quisesse. Era óbvio que o que acontecia na cabeça dele era tão importante para ele quanto o que acontecia entre ele e outras pessoas.

Novoselic sugeriu abrir o álbum com uma das faixas mais pesadas. "Eu queria começar o álbum com 'Scentless Apprentice'", ele recorda. "Eu me lembro de dizer: 'Vamos pegar algumas dessas meninas que vivem nos shopping centers e que vão comprar o disco e matá-las de susto! E matar as mães delas de susto!' Nós rimos." "Rape Me" também foi cogitada como faixa de abertura, mas imaginou-se que ela pudesse provocar um paralelo muito grande com *Nevermind*, uma vez que é de sua primeira faixa que vem a abertura de "Rape Me", "Teen Spirit". "I Hate Myself " foi originalmente considerada para a lista final de faixas, mas foi deixada de lado para impedir que o álbum soasse ruidoso demais. Ela apareceria mais tarde na compilação *The Beavis and Butthead Experience*. As demais canções pelo jeito não foram consideradas para o álbum, mas foram lançadas em outras ocasiões: "Sappy", rebatizada de "Verse Chorus Verse", aparece na compilação *No Alternative*, e "Moist Vagina" e "Marigold" foram usadas como lados B.

Mais tarde, Novoselic comentaria com um jornalista que levou duas semanas até que a ordem das faixas fosse decidida. No fim das contas, a ordem de *In Utero* seria: "Serve the Servants", "Scentless Apprentice", "Heart-Shaped Box", "Rape Me", "Frances Farmer Will Have Her Revenge on Seattle", "Dumb", "Very Ape", "Milk It", "Pennyroyal Tea", "Radio Friendly Unit Shifter", "tourette's" e "All Apologies".

As sessões foram encerradas em 26 de fevereiro, e todos fumaram charutos para comemorar. "Funcionou exatamente da mesma forma que qualquer sessão minha", conta Albini. "A banda aparece, eles conhecem o material, reúnem o equipamento, montam tudo, tocam, nós acrescentamos algumas coisas, e mixamos. Foi muito, muito objetivo." Mas o caminho até o lançamento de *In Utero* não seria assim.

7. A mixagem do álbum

"Eu esperava que fosse como a maioria dos outros álbuns que eu tinha feito, em que nós finalizamos o álbum, ele é lançado, e todo mundo fica feliz", é como Steve Albini se lembra de se sentir depois da conclusão das sessões de *In Utero*. Mas, nesse caso, o que deveria ter sido uma questão prática logo desandou e se tornou um jogo de acusações que acabaria explodindo e se tornando uma questão de interesse nacional.

Por algumas semanas depois de o Nirvana ter terminado o álbum, Albini não teve notícias. Então, ele conta, um dia:

> Recebi uma ligação de um jornalista em Chicago chamado Greg Kot [do *Chicago Tribune*], que disse que tinha acabado de falar com Gary Gersh, e que Gary tinha contado que esse álbum do Nirvana que eu tinha feito era impossível de lançar, e que tudo precisaria ser refeito, e perguntou qual era minha declaração. Eu não lembro exatamente o que disse a ele, mas sei que eu teria dito que Gary Gersh podia ir se foder. Bom, nos círculos das pessoas que tinham algum interesse voyeurístico no que acontecia com o álbum, notícias desse desentendimento se espalharam como um incêndio. Parecia que todo mundo que eu encontrava sabia do conflito e tinha uma opinião. A maioria tinha conselhos para me dar, e a maioria tinha conselhos para o Nirvana, e nada

daquilo era inteligente porque tudo vinha de uma posição de ignorância. De certo modo, sinto que *eu* estava falando de uma posição de ignorância, porque eu não estava lá quando a banda estava discutindo com a gravadora. Tudo o que sei é sobre minha interação com eles, isto é, nós fizemos um álbum, todo mundo ficou feliz com o resultado. Algumas semanas depois, fico sabendo que ele é impossível de lançar e que tudo precisa ser refeito.

Kot nunca confirmou que Gersh foi a fonte do artigo, mas mais tarde Kurt contaria para vários jornalistas que Gersh — entre outros — não tinha gostado do álbum "por vários motivos ligados ao som", como ele explicou para um escritor. Para a *Melody Maker*, ele declarou: "[Gersh] não achou que as composições estavam à altura. E seu representante de A&R dizer isso é como seu pai ou padrasto mandar você jogar fora o lixo." Mais tarde, o próprio Gersh, em um programa de rádio, diria que na primeira audição ele sentiu que o álbum "podia ter um som muito melhor do que tinha", mas enfatizou que o "tinha ouvido não finalizado".

Mesmo assim, os próprios membros da banda também estavam começando a questionar os resultados quanto mais ouviam o álbum, se perguntando se tinham dedicado muito pouco tempo à mixagem. Os três tocaram o disco para amigos próximos para pedir opiniões. "Eu me lembro de Krist indo para casa com a primeira mixagem em uma fita cassete", conta Earnie Bailey.

> E foi tão estranho, porque ali estou eu ouvindo esse álbum novo que foi tão aguardado, e foi como se nossa vida estivesse na corda bamba com esse trabalho novo, e estamos ouvindo o álbum num aparelho de som portátil na cozinha dele. E não teve

muito impacto — mal dava para ouvir do que se tratava. Eu me lembro de estar muito empolgado, mas soou muito como um ensaio porque Kurt não estava usando quase nenhum efeito. Tinha muito pouco *double tracking* nos vocais dele. Tudo era muito, muito seco. Mas eu gostei. Eu me lembro de ficar impressionado com o tipo de risco que eles iam correr, lançar algo que era tão eles. Quero dizer, era mais ou menos como o som deles ao vivo, e definitivamente como o som deles num ensaio. Então, estávamos muito empolgados.

Quando Charles Peterson estava fotografando a colagem da contracapa na casa de Kurt, ele também ouviu uma versão do álbum. Ele conta:

> Kurt tocou, não sei se era uma mixagem mais crua, mas ele tocou uma mixagem de *In Utero* para mim. Achei ótimo. Ele estava muito preocupado com a mixagem e perguntou: "O que você achou da mixagem?" Eu respondi: "Não sei, achei boa." Mas é claro que ele estava tocando o álbum num aparelho de som portátil na cozinha, e eu estava tentando tirar fotos da colagem antes que as flores murchassem. Eu me lembro claramente de "Rape Me" como a faixa que mais se destacou, em especial pela letra. Eu parei de tirar fotos por alguns minutos e exclamei: "Uau!"

Mas Dailey também recorda que a percepção do álbum mudou com o tempo. "Eu lembro da primeira onda de opiniões, todo mundo estava muito empolgado", ele conta.

> Dois ou três dias se passam, e as preocupações começam a aparecer: "Bom, não temos certeza disso. Achamos que isso precisa ser modificado." Então se tornou uma espécie de bola de neve.

Tinha um quê de maldade. A banda dizia: "Não vamos mudar o álbum, fodam-se", blá, blá, blá. E alguns dias depois: "Não, eles têm razão, isso precisa mudar, acho que vamos mudar isso." Então não dava para saber muito bem o quanto eles gostavam da ideia de fazer as modificações que estavam sendo sugeridas. De início, não gostei da ideia de mudar nada. Eu queria saber se a banda ia entrar em estúdio com Albini e sair de lá com um produto de Albini. Era o que eu queria ouvir. Eu gostava de Albini pelas mesmas razões que eles. Eu não gostava da ideia de bagunçarem o álbum.

Mais tarde, Kurt falou sobre tocar o álbum por algumas semanas, tentando identificar o que estava errado. "Da primeira vez que toquei o disco em casa, eu sabia que alguma coisa estava errada", ele disse. "Eu não estava muito interessado em ouvi-lo, e isso não costuma acontecer. Não senti nenhuma emoção nele, eu estava anestesiado." Novoselic também conversava sempre com Bailey, que conta:

Falamos bastante sobre isso. Eu tinha um aparelho de som no meu restaurante, e depois de um certo horário nós podíamos aumentar o volume. Ouvimos o álbum em diferentes situações, no carro, quando estávamos na rua de bobeira... Krist estava tentando ter uma ideia do que as pessoas iam ouvir. Você tenta se colocar em diferentes situações quando está ouvindo o álbum.

O consenso foi que havia problemas com o som do baixo e a mixagem dos vocais.

No fim das contas, Kurt ligou para Albini para compartilhar suas preocupações, assim como Novoselic. "Kurt me perguntou sobre remixar algumas coisas", conta Albini. "Respondi: 'Tudo bem, que faixas vocês estão pensando em remixar?' Kurt especificou algumas, mas depois emendou: 'Mas, na verdade, a gente gostaria de refazer tudo.' Ele queria mixar tudo de novo. Krist não achava que o baixo estava suficientemente bem definido e em algumas canções Kurt não achava que o vocal se projetava o bastante, mas eram sutilezas. Isso era mais uma prova para mim de que um clima de medo tinha se instalado. Eles fizeram um ótimo álbum, mas a gravadora e todos os outros urubus na vida deles tinham conseguido convencê-los de que tinham algo de que duvidar."

"E acho que Kurt estava tentando articular sua posição, de se sentir desconfortável com o fato de que as pessoas responsáveis por vender o álbum estivessem incomodadas com ele", Albini continua.

> Ele queria se sentir confiante. E queria fazer um álbum que pudesse jogar na mesa e dizer: "Escutem, eu sei que isso é bom, e sei que suas preocupações com relação a ele não têm sentido, então aceitem." E eu não acho que ele sentia que tinha chegado lá e queria refazer algumas coisas na esperança de conseguir. Meu problema era que eu estava com medo de aquilo ser uma armadilha. Se nós voltássemos para o estúdio para refazer a mixagem, acabaria virando uma situação como a de *Nevermind*, que acabaria sendo tirada das mãos deles. Eu sabia que se seguíssemos aquele caminho, seria uma reprise daquilo.

Na verdade, *Nevermind* seria originalmente mixado por um produtor, Butch Vig. Mas depois de seis faixas terem sido mixadas, o empresário e a gravadora da banda sugeriram que eles trouxessem "ouvidos" novos. A banda acabou escolhendo Andy Wallace, por causa de seu trabalho anterior com o Slayer. Mas eles também pareciam estar um pouco em dúvida em relação ao som do álbum; quando foram entrevistados para o livro *Come As You Are*, pouco mais de um ano depois do lançamento de *Nevermind*, Kurt afirmou que estava "constrangido" pela produção do álbum ("Parece mais um álbum do Motley Crüe do que de punk rock"); Grohl sentiu que o álbum "tinha algo esquisito na produção"; e Novoselic o chamou de "meio estragado... É um álbum produzido demais". Mas dez anos depois do lançamento de *Nevermind*, Novoselic insistiu para um entrevistador: "Sei que Kurt gostou da sonoridade de *Nevermind*", ainda que ele tenha admitido que o álbum era "meio chiclete".

A mixagem original de Vig era mais dura, e faltava o verniz brilhante das versões finais, mas o material não era tão cru quanto as versões que o Nirvana gravou com Albini. E a banda estava mais do que disposta a oferecer em primeira mão para Albini a chance de refazer a mixagem. Ele agradeceu a proposta, mas, depois de ouvir o álbum de novo, acabou recusando.

> Liguei para Kurt e disse: "Sabe, se quiserem refazer algumas mixagens, vocês têm minha bênção. As sutilezas na gravação de que vocês estão falando — não dá para mudar algumas dessas coisas sem mudar fundamentalmente a apresentação da música." Eu disse que não achava que poderia fazer nada melhor. Do ponto de vista comercial, provavelmente foi uma má ideia, porque eu poderia ter tirado mais dinheiro deles. Do ponto de vista pessoal, acho que pode não ter caído bem para a banda o fato de que eu não estivesse disposto a dizer: "Sim, eu faço tudo de novo." Mas eu sei que foi a resposta certa. Eu tinha uma cópia daquela gravação antes da masterização. Vi essa gravação em todos os estágios de produção. E eu sabia que se ela fosse manipulada para além daquele ponto, parte daquela grandeza ia evaporar. E eu não queria participar disso.

A questão poderia ter terminado ali se não fosse pela publicação do artigo de Kot, "Gravadora encontra pouca satisfação no último trabalho do Nirvana", que saiu no *Tribune* no dia 19 de abril. "Uma fonte próxima da banda diz que os executivos da Geffen não ficaram felizes com a falta de potencial comercial da gravação", dizia o texto. "'Eles o consideram impossível de lançar', relata a fonte." O artigo também cita Albini dizendo: "A Geffen e os empresários da banda odeiam a obra." Um representante da Geffen negou que fosse o caso, mas admitiu que a data de lançamento do álbum tinha sido adiada devido a um "contratempo com a mixagem e a masterização". O empresário da banda, John Silva, ficou com a última palavra: "Se a banda diz que o álbum está pronto, ele está pronto. Mas no momento não temos um álbum do Nirvana para lançar."

Depois que o texto foi publicado, outros veículos começaram a repercuti-lo, o que culminou em um artigo de página inteira de Jeff Giles que saiu na edição de 19 de maio da *Newsweek* com a manchete "Vocês chamam isso de Nirvana?" Ele sugeria que o grupo estava sendo pressionado pela gravadora e pelos empresários a refazer a mixagem do álbum, para impedi-los de cometer "suicídio comercial", embora trouxesse a seguinte declaração de Gersh: "O Nirvana tem controle absoluto do que quer fazer com o seu álbum." O pessoal da banda logo emitiu uma resposta na forma de uma carta para o editor, que dizia: "Giles ridicularizou nossa relação com nosso selo com base em informações totalmente equivocadas. A Geffen Records apoiou nossos esforços o tempo todo durante a realização desse álbum." A carta também foi reproduzida em um anúncio de página inteira na edição de 22 de maio da revista *Billboard*, e a banda também enviou um release, com data de 11 de maio, dizendo: "'Não houve pressão da nossa gravadora para mudarmos as faixas que fizemos com [o produtor] Albini. Temos 100% de controle da nossa música', diz Kurt Cobain, do Nirvana."

O artigo também afirmava que Andy Wallace refaria a mixagem do álbum. Wallace tinha sido abordado inicialmente para a vaga, um indício de que as objeções do grupo em relação a seu trabalho em *Nevermind* talvez não fossem tão fortes quanto eles declararam outras vezes. Mas como Wallace não estava disponível, a banda escolheu Scott Litt (mais conhecido por seu trabalho com o R.E.M., e que também tinha sido cogitado para refazer a mixagem de *Nevermind*). No fim, a banda decidiu remixar apenas duas faixas na época, "Heart-Shaped Box" e "All Apologies". "Faz um tempo que eu sentia que não deveríamos mexer nisso por uma questão de princípio", Novoselic diria mais tarde ao escritor Keith Cameron. "Mas isso não é muito racional. Isso confunde o discernimento." Para outro escritor, ele explicou que a remixagem das duas faixas seria "uma porta de entrada para as pessoas comprarem o álbum, e então elas vão colocá--lo para tocar e ouvir um som selvagem e agressivo, um álbum alternativo de verdade".

A nova mixagem foi feita em maio no Bad Animals Studio, em Seattle, do qual Ann e Nancy Wilson, da banda Heart, eram sócias. Para "Heart-Shaped Box", Kurt também gravou outro violão e acrescentou backing vocals. O efeito no solo de guitarra de "Heart-Shaped Box" também foi removido, para alívio de Novoselic. "O bom senso prevaleceu", diz ele. "Foi modificada. Scott deixou o som agradável."

O álbum foi enviado para masterização no mesmo estúdio em que *Nevermind* foi masterizado, e pela mesma pessoa, Bob Ludwig, no Gateway Mastering em Portland, Maine. De acordo com Azerrad, o trabalho feito no álbum foi mínimo; o baixo foi acentuado, e os vocais, potencializados. Não é uma surpresa que Albini tenha ouvido algo diferente, como ele mesmo declarou em 1996:

> O alcance dinâmico foi reduzido, a amplitude do estéreo foi reduzida, muito equalizador de médio alcance foi acrescentado, e a qualidade geral do som foi suavizada. E o retorno do baixo foi comprometido para torná-lo mais consistente no rádio e nas caixas de som caseiras. Mas a maneira como eu o descreveria em termos não técnicos é que eles foderam o álbum. O resultado final, o álbum nas lojas, não soa muito como o álbum que foi feito.

Trata-se de uma avaliação com a qual ele ainda concorda:

> Sim. Você pode foder uma coisa quando faz muito esforço para torná-la boa, quando dá passos demais. Se você está fazendo um bolo, quer que ele fique perfeito, e fica acrescentando pequenas pitadas de condimentos e ingredientes, não demora até que tudo comece a ser afetado. Você queria fazer um bolo ótimo, mas, ao não parar de mexer nele, acabou tirando um pouco de sua qualidade essencial.

Bailey também acha que o álbum tem um "quê muito comprimido":

> Boa parte pode ser o som da guitarra, porque Kurt estava usando um pedal diferente, e isso é uma grande parte do que escuto no álbum, a guitarra em si. Para mim, o baixo soa muito transparente. Mas eu não me importei. Quando eu de fato ouvi algumas coisas que eles colocaram ali, gostei de verdade. Ao mesmo tempo, você fica com a primeira versão na mente por um tempo, e se acostuma

com ela, então é quase difícil ouvir alterações porque você ainda está se habituando com elas. É como ouvir faixas alternativas de canções dos Beatles. Nunca é a mesma coisa, porque a canção com que você cresceu é "aquela", quer ela seja melhor ou não. Ainda considero *In Utero* um álbum fenomenal.

Hoje em dia, Novoselic diz: "Acho que de muitas maneiras *In Utero* é incrível", mas também acrescenta: "Se eu tivesse a chance de refazer a mixagem, eu aumentaria tudo — acho que o baixo soa meio turvo." A questão também deixou Kurt dividido. Com todas as suas reclamações sobre a produção de *Nevermind*, em 25 de outubro ele declarou para o escritor David Fricke que "Pennyroyal Tea" era a faixa que "não tinha sido gravada direito". "Deveria ter sido gravada como em *Nevermind*, porque sei que é uma canção forte, um hit", diz ele. A faixa acabaria sendo remixada por Scott Litt um mês depois. De acordo com uma astuta observação de Azerrad, "parecia que Kurt estava apaixonado pela *ideia* da filosofia de baixo orçamento, mas não pela prática" [ênfase de Azerrad]. Em seu diário, Kurt tinha uma fantasia de lançar primeiro a versão não masterizada de Albini, em vinil, cassete e cartucho para confundir o público; um lançamento em CD com a versão masterizada por Ludwig viria na sequência. Mas, contraditório até o fim, ele também disse a um jornalista que a versão final do álbum tinha "o som que tínhamos na cabeça, que nunca conseguimos transferir [para uma gravação]". Ele também fez um raro elogio a Grohl sobre a bateria no álbum, dizendo em uma mensagem na secretária eletrônica de seu companheiro de banda que seu trabalho em *In Utero* foi "impressionante".

A versão não masterizada de Albini de *In Utero* foi amplamente pirateada, o que permitiu comparações (e colecionadores afirmam que a mixagem de Albini está disponível em diferentes prensagens em vinil do álbum). Ao tocar as duas versões para um ouvinte médio, as diferenças provavelmente não vão ficar aparentes de imediato. Mas uma audição cuidadosa é mais reveladora. É possível notar que as harmonizações vocais em "Pennyroyal Tea" não são evidentes na versão original, e estão completamente ausentes em "Heart-Shaped Box". O violoncelo em "All Apologies" é mais acentuado na versão final, e os pratos também têm mais brilho ao longo da faixa. A aspereza dos vocais de Kurt nas faixas mais agressivas, como "Scentless Apprentice", "Milk It" e "Rape Me", é suavizada na versão final. No fim, a preferência de uma versão pela outra pode ter sido apenas uma questão de gosto.

Quando *In Utero* foi lançado em setembro, os debates sobre o Nirvana ter "comprometido" seu som tinham sido, em grande parte, esquecidos pelo público. Mas Albini afirma que a discussão pública teve um "impacto significativo" em suas atividades. Ele conta:

> Eu quase fali. Eu não podia ir preso por quase dois anos depois que fiz aquele álbum. Todas as bandas menores com que eu trabalhava ficaram com medo da associação com uma banda tão popular quanto o Nirvana, e todas as bandas maiores com que eu trabalhava ficaram com medo do embate político que a Geffen travou comigo.

No dia em que *In Utero* chegou ao número 1 da parada da *Billboard*, ele olhou seu saldo bancário e encontrou cinquenta centavos em sua conta.

Mas apesar de ainda defender que não considera a apresentação final do álbum "nada lisonjeira", Albini também insiste que não guarda nenhum ressentimento sobre a experiência com *In Utero*.

Eu detestaria se, no fim, a percepção do que eu falo sobre isso fosse de que tenho sentimentos ruins sobre a maneira como o Nirvana me tratou, porque não é o caso, de jeito nenhum. Eu não invejava a situação da banda, mas eles fizeram um álbum incrível. Fiquei emocionado de fazer parte dele. Quando acabou, fiquei feliz, fiquei orgulhoso, eu gostava daquelas pessoas, tinha muito respeito por elas. Algumas coisas amenizaram essa alegria, ou mudaram um pouco minhas lembranças, mas são mudanças sutis. Eu me recordo dele como um bom álbum. E me recordo deles como boas pessoas. Eu admiro e gosto desses sujeitos.

"E o que as pessoas têm em casa é o álbum que o Nirvana queria que elas tivessem", ele conclui. "A própria banda tomou todas as decisões importantes sobre ele, então, por mais complicado e por menos ideal que o álbum tenha ficado, ainda é o que a banda queria que o público ouvisse. E eu apoio isso."

8. Arte e videoclipe

Muito cuidado e dedicação também foram dados à criação da comunicação visual que acompanhou o lançamento de *In Utero* — a capa, diversos singles e o único vídeo, "Heart-Shaped Box", contaram muito com ideias de Kurt Cobain.

O diretor de arte foi Robert Fisher, que na época trabalhava no departamento de arte da Geffen e estava envolvido em todos os projetos do Nirvana desde que a banda assinara com a DGC.

> Quando fiquei sabendo que a DGC tinha fechado com o Nirvana, eu já era um grande fã e já tinha visto alguns shows, então falei: "Meu Deus, me deixem trabalhar nisso." E eles deixaram. Acho que ninguém sabia de fato o que ia acontecer com a banda. E queriam alguém que gostasse deles, da música, para trabalhar nisso, então ajuda se você gosta da banda.

Fisher trabalhou na capa de todos os lançamentos do Nirvana pela DGC, e descobriu que Kurt muitas vezes ficava ansioso para fazer sugestões e dar ideias. Ele conta:

> Sempre achei que as ideias dele eram muito boas. Se você tem um conceito e se atém a ele, precisa ter condições de realizá--lo. E isso facilita as coisas para mim, porque quando se cuida

da arte das bandas, é preciso representar quem elas são e do que gostam. Você encontra essas bandas que dizem: "Não me importa o que está na capa." Bom, isso é péssimo, porque você deveria se importar, isso está te representando. Então, o fato de Kurt se importar e se interessar, e de nós conversarmos sobre arte e coisas assim, era legal, na minha opinião, que ele se envolvesse com as coisas e tivesse ideias. Mas ele nunca era autoritário, tipo: "Coloque isso aqui e aquilo ali, e faça isso." Ele só me dava algumas ideias soltas e dizia: "Faça alguma coisa com isso."

A capa do primeiro álbum da banda para a DGC, *Nevermind*, trazia um bebê nadando embaixo d'água tentando alcançar uma nota de um dólar presa em um anzol, uma imagem perfeita de inocência em vias de ser corrompida. Ela foi muito elogiada e continua aparecendo em listas de melhores capas de álbuns, o que significa que havia pressão para que fosse criado algo igualmente forte para o tão esperado segundo álbum pela DGC. "Como é um trabalho de muita visibilidade, você quer fazer algo incrível", Fisher concorda. "Então, havia sempre muita pressão para inventar algo bom."

E Kurt foi muito específico sobre as ideias visuais que tinha para *In Utero*. Para a capa, ele trouxe um cartão postal de um manequim anatômico, uma boneca transparente. O manequim, ou TAM (Transparent Anatomical Manikin) tinha sido desenhado por Richard Rush em 1968 como uma ferramenta educativa para crianças. O modelo era ligado por fios, de modo que as diferentes partes do corpo pudessem acender. "Kurt tinha essa imagem quando estávamos fazendo *Nevermind*", conta Fisher. "Íamos usá-la em um single, 'Lithium' ou algo assim. E por alguma razão ela foi descartada, e usamos outra coisa, mas foi a primeira vez que ele trouxe a imagem para mim, que eu me lembre." Enquanto *In Utero* usaria uma imagem de corpo inteiro do manequim, um recorte da parte de cima do corpo apareceu na capa do álbum *Music from the Body*, de 1970, a trilha sonora de um documentário sobre medicina, com música de Ron Geesin e Roger Waters, do Pink Floyd.

O passo seguinte foi garantir os direitos de imagem, conta Fischer:

> Fizemos algumas ligações para tentar obter os direitos de uso, e quando ficaram sabendo que era para o Nirvana, foi algo como: "Certo, 80 mil dólares, e vocês podem usar." Foi um drama tentar descobrir o que fazer. Chegamos até a contratar um ilustrador para fazer uma versão que pudesse ser usada sem termos de pagar pela foto, com uma mudança sutil. Mas eles finalmente chegaram a um acordo com a empresa que detinha os direitos.

Asas foram acrescentadas à mulher como um toque final, diz ele.

> Kurt e eu fizemos uma reunião, nós queríamos deixar aquilo um pouco mais especial. E por alguma razão acabamos colocando asas nela. Não sei ao certo se ele pediu as asas ou se me pediu para experimentar diferentes coisas, e essa foi a que ele escolheu.

O manequim foi então colocado contra um fundo amarelo claro, rachado como a superfície de um deserto. A imagem de fato refletia melhor o título final do álbum; depois que *I Hate Myself and I Want to Die* e *Verse Chorus Verse* foram cogitados como títulos e rejeitados, *In Utero* foi a decisão final. A mulher da imagem não estava grávida, mas, mesmo assim, sua transparência oferecia um "olhar para dentro". E era também um reflexo do manequim "Visible Man",[2] usado na capa do single "Sliver", do Nirvana. O bebê na capa de *Nevermind* ajudou a completar a representação da "família".

A capa usava a logo regular da banda (em Onyx, uma fonte Bodoni condensada). O título do álbum tinha sido gravado por Fisher com um gravador em relevo da marca Dymo. Ele explica:

> Eu tinha uma dessas etiquetadoras no escritório. Então, fiz a gravação, fiz um negativo dela e apliquei. Como designer, você está sempre procurando jeitos de experimentar, usar materiais diferentes e jeitos diferentes de fazer as coisas. Você está sempre em busca de ângulos diferentes. É cada vez mais difícil hoje em dia fazer algo original. E então, um ano ou dois depois vi o estilo do gravador em relevo como uma fonte.

O fato de Fisher ter usado o gravador em relevo foi, não intencionalmente, irônico. Durante sua última temporada como diretor de arte da publicação de música de Seattle *The Rocket*, o designer Art Chantry tinha usado um gravador em relevo que não funcionava direito para criar um novo cabeçalho para a revista. Quando a cena musical de Seattle explodiu no *mainstream* em 1992, o estilo do gravador em relevo foi logo apropriado como um ícone tipográfico da cultura "alternativa", ainda que despido de sua apresentação original, com as letras alinhadas corretamente e todas na direção certa. *The Rocket* foi a primeira revista a colocar o Nirvana na capa, em 1989. Quatro anos depois, um elemento reciclado da publicação mais uma vez conectaria os dois. É apropriado que a fonte que reproduz a gravação em relevo se chame "Recycle Reverse".

---

[2] N.T.: Kit de anatomia para crianças vendido nos Estados Unidos.

O encarte do CD continha as letras, talvez refletindo um desejo de Kurt de ser levado a sério como letrista (nenhum álbum anterior do Nirvana trazia letras, ainda que as de *Nevermind* mais tarde tenham aparecido no encarte do single de "Lithium"). "Fico constrangido dizendo isso, mas eu gostaria de ser reconhecido como mais do que um compositor", revelou para Gavin Edwards, em 1993. "Não presto atenção em pesquisas nem em paradas de sucesso, mas passo os olhos nelas de vez em quando, sabe, e Eddie Vedder foi indicado como compositor número 1, e eu não sou nem citado." Além disso, em resenhas de *Nevermind*, falava-se muito sobre como os vocais de Kurt dificultavam o entendimento das letras das músicas. Imprimir as letras na capa eliminaria a confusão sobre o que exatamente ele estava cantando — ainda que o significado das canções fosse ser debatido eternamente. Kurt também escreveu descrições das composições em seus diários, mas, de acordo com Fisher, nenhuma anotação foi cogitada para entrar no álbum.

O encarte também trouxe várias fotos, a maioria tirada em apresentações ao vivo. A imagem de Novoselic na televisão foi tirada pela mãe de Kurt, Wendy O'Connor. "Isso me ocorreu depois que a coisa estava praticamente pronta, e eles quiseram fazer essa adição no último minuto", conta Fisher. "E eu disse: 'Ah, preciso encaixar isso de algum jeito.'" Havia também fotografias de um escritório de campanha do Partido Republicano incendiado tiradas por Fisher. "Kurt estava prestes a sair da cidade e tinha acabado de saber que o prédio tinha sido queimado, então corri pra lá no meu horário de almoço e fiz algumas fotos", ele explica. Havia também uma ilustração brilhante de Alex Grey de uma mulher grávida sem pele, revelando seus músculos e ossos. "Era um artista de que Kurt gostava muito", conta Fisher. "Ele me mandou um livro da sua obra e queria usar uma das imagens." Um pequeno diagrama do equipamento de áudio foi acrescentado no último minuto.

A contracapa traz uma colagem impressionante criada por Kurt, uma coleção de modelos de fetos humanos, partes do corpo como braços e pernas, e ossos, espalhados em uma cama de orquídeas e lírios, uma "natureza morta" que ele descreveu como "sexo e mulher e *In Utero* e vaginas e nascimento e morte", uma maneira igualmente apropriada de descrever os temas do álbum. A colagem foi fotografada por Charles Peterson, e essas imagens podem ser encontradas em quase todos os lançamentos do Nirvana. Petersen recorda:

> Encontrei Kurt em algum lugar, e ele mencionou que queria que eu fotografasse algo para a capa. Eu respondi: "Sim, me avise." E imaginei que fosse receber um telefonema da gravadora ou algo assim. Então, um domingo à tarde, Kurt me liga e diz: "Ei, quero que você tire aquela foto agora." Eu respondi: "Hum, sabe, é domingo à tarde." Então, ele insistiu: "Não, você precisa vir agora, tem o equivalente a duzentos dólares em flores aqui, e elas vão murchar." Eu disse: "Bom, tudo bem." Revirei tudo em busca de qualquer filme que eu tivesse na geladeira e fui para lá. É tão típico de Kurt. Ainda bem que eu estava em casa, pelo menos.

Kurt montou a colagem no chão de sua casa em Seattle. "Na verdade, achei bem impressionante que ele tivesse feito a coisa toda no chão da sala", conta Peterson, que chegou lá no começo da noite.

> Fiz algumas perguntas para ele antes de chegar, e Kurt explicou que tinha 1,20 m por 1,20 m — mais ou menos do mesmo tama-

nho que uma mesa de jantar, uma mesa para quatro pessoas. Então pensei: "Certo, vou precisar subir em alguma coisa." E me lembro de pegar uma escada. Mas não foi a coisa mais fácil de fotografar. E não tinha como, num domingo à tarde, alugar qualquer equipamento nem nada. Eu tinha que usar o que eu tinha.

Peterson também fez outras fotos durante a sessão: uma foto de Courtney Love segurando Frances Bean e olhando para a colagem aparece em seu livro, *Screaming Life*.

O filme da sessão foi enviado para Fisher, que ajustou a cor e criou "aquele laranja esquisito". O título das faixas do álbum foi posicionado nos cantos da contracapa, junto com símbolos como uma lua crescente, uma abelha, um triângulo e uma boneca de sabugo de milho, inspirados pelo livro *Dicionário dos símbolos e objetos sagrados da mulher*, de Barbara Walker. "Kurt cortou todos esses pequenos símbolos e queria usá-los", conta Fisher.

> Ele disse: "Só coloque tudo atrás em algum lugar", e chamamos um ilustrador [Rodger Ferris] para reilustrá-los para que pudéssemos usá-los sem problemas de direitos autorais. Cada um desses pequenos símbolos significava alguma coisa importante para Kurt, algo de que ele gostava [os agradecimentos do álbum também citam "a deusa Deméter"].

Nesse sentido, o pacote de *In Utero* não era diferente dos *Journals*, os diários de Kurt, que trazem trabalhos de arte seus e recortes de imagens que lhe interessavam, além dos escritos.

A imagem do próprio CD era a figura de um dos cuidadores de Frances Bean, Michael "Cali" DeWitt, vestido de mulher, tirada de uma "pequena polaroide da pilha de coisas de que Kurt gostava". "Então, coloquei no disco e funcionou", conta Fisher. A aprovação para o resto do projeto também aconteceu rápido. "Fiz a colagem toda e o interior, e Kurt disse: 'Certo, perfeito.'"

Fisher também criou a capa dos três singles de *In Utero* (nenhum deles lançado nos Estados Unidos). "Heart-Shaped Box", lançado em agosto de 1993, trazia uma foto de Kurt em uma caixa em formato de coração no meio de uma cama de lírios e papel alumínio. "Kurt me deu a imagem, uma pequena impressão de um laboratório de revelação em uma hora e disse: 'Faça algo bonito'", explica Fisher, que acrescentou uma margem de 2,5 cm na parte de baixo com contas em formato de coração contra um fundo vermelho, com o desenho de um coração humano do lado esquerdo.

Kurt se envolveu menos nos dois singles seguintes, apesar de ter dito para Fisher que, para "All Apologies", lançado em dezembro de 1993, queria "algo com cavalos-marinhos". "Entrei na internet, procurei livros e encontrei algumas imagens de cavalos-marinhos e comecei ali", Fisher continua. "Kurt gostava muito do fato de que os machos carregam os filhotes." Cavalos-marinhos foram parar em uma camiseta e um bóton vendido nas últimas turnês do Nirvana, e desenhos de cavalos-marinhos aparecem nos diários de Kurt.

O vocalista não participou da arte de "Pennyroyal Tea", cujo lançamento estava programado para abril de 1994. A faixa tinha sido remixada por Scott Litt no Bad Animals em 22 de novembro de 1993. Brincando com o título da música, a capa traz uma xícara de chá sobre uma mesa, ao lado de um cinzeiro cheio de guimbas e um jarro em forma de galo, com alguns biscoitos em forma de animais espalhados. "Fizemos a arte e não sei se Kurt estava por perto para aprovar ou não", diz Fisher. "Acho que talvez tenha sido enviado para os empresários aprovarem ou algo assim." Depois da morte de Kurt, o single (que teria trazido "I Hate Myself and I Want to Die" e "Where Did You Sleep Last Night", essa última na versão do acústico, como lados B) foi recolhido, e a maior parte das cópias, destruída.

Àquela altura, a polêmica sobre a contracapa de *In Utero* já tinha sido criada. Durante a semana do lançamento do álbum nos Estados Unidos, duas grandes cadeias de lojas de desconto norte-americanas, a Wal-Mart e a K-Mart, anunciaram que estavam se recusando a estocar o álbum. A razão declarada era a falta de demanda dos clientes — uma declaração estranha a se fazer sobre um álbum que entrou para as paradas em primeiro lugar —, mas o motivo real era que os varejistas estavam com medo de que os consumidores considerassem a colagem dos fetos ofensiva.

Como resultado, a imagem foi recortada para se concentrar nas flores, e os fetos foram removidos. Uma tartaruga que originalmente ficava na parte de baixo, do lado direito, foi aumentada e movida para a esquerda. Ainda mais bizarra foi a insistência de que o título "Rape Me" também precisava ser modificado. Depois de considerar por um curto período o igualmente literal "Sexually Assault Me" [Abuse sexualmente de mim], a faixa foi renomeada "Waif Me". "Em algum lugar, alguém ficou incomodado com aquilo", diz Fisher. "Era só para mover os estoques naquelas redes idiotas." Ele conclui ironicamente: "Nós salvamos a nação."

A edição retrabalhada foi lançada em 29 de março de 1994. Há controvérsias sobre os verdadeiros sentimentos da banda a respeito das mudanças. Danny Goldberg, um dos empresários do Nirvana, declarou para o escritor Carrie Borzillo: "[Kurt] queria muito que todos os fãs pudessem ter os discos. Ele tinha controle absoluto daquilo… Não havia pressão." Mas Bill Bennett, gerente geral da Geffen na época, disse a Borzillo: "Acho que a gravadora os pressionou muito. Por conta própria, eles nunca teriam feito aquilo."

A criação do único vídeo de *In Utero*, "Heart-Shaped Box", gerou sua parcela de polêmica também, o que resultou em um processo. Ideias para o clipe começaram a ser trabalhadas no verão. Em uma entrevista, Kurt Cobain e Krist Novoselic falaram sobre o vídeo com Jim DeRogatis, descrevendo-o como "uma paródia de *O Mágico de Oz* filmada com uma técnica que se aproxima do Technicolor". Novoselic se referiu a si mesmo como "secretário" no processo. "Kurt disse: 'Quero fazer esse vídeo'", ele recorda. "E eu disse: 'Bom, tenho um laptop novo. E se eu levá-lo e ajudar você a escrever tudo?' Então, ele estava ali sentado, e escrevemos esse tratamento de duas páginas. Ele ditava e eu digitava."

O vídeo seria originalmente dirigido por Kevin Kerslake, que tinha dirigido os quatro clipes anteriores da banda ("Come As You Are", "Lithium", "In Bloom" e "Sliver"). *Nirvana: The Day By Day Eyewitness Chronicle*, de Carrie Borzillo, oferece a melhor cronologia do que aconteceu depois. Kerslake preparou cinco tratamentos para o vídeo entre 14 de julho e 12 de agosto. Mas os arranjos finais para a filmagem nunca se materializaram. Em vez disso, no fim do mês, o Nirvana contatou outro diretor, o cineasta holandês Anton Corbijn.

Corbijn tinha começado sua carreira como fotógrafo de rock, e se mudou de sua terra natal, a Holanda, para Londres, em 1979, com o objetivo declarado de conhecer e fotografar a banda Joy Division. Uma de suas primeiras fotos do grupo foi uma imagem em preto e branco muito marcante da banda num túnel de uma estação de metrô de Londres. Mais tarde, ele migrou para o vídeo, e seus primeiros projetos foram clipes para o Palais Schaumburg ("Hockey") e o Art of Noise ("Beatbox"). Seu primeiro trabalho com o Nirvana foi como fotógrafo. No decorrer de dois anos, ele tirou fotos para a matéria de capa da edição da revista *Details* de novembro de 1993, e fotos de divulgação em preto e branco para a DGC. "Foi muito agradável", ele recorda. "E foi bem tranquilo. É claro que no estúdio eu tinha luz, mas, no resto, não; eu só tinha um assistente. Foi muito simples, pé no chão, e acho que eles gostaram bastante disso." As fotos em preto e branco de Corbijn têm a crueza extrema típica de seu trabalho. Uma das imagens da *Details* capta Kurt em completo estilo rock star decadente, usando um chapéu de caubói, óculos escuros, uma camisa de lamê desenhada por Jean Paul Gaultier amarrada bem acima da cintura e esmalte de unha descascado.

Corbijn não tem certeza absoluta de como acabou sendo abordado para fazer o vídeo. "Acho que Courtney contou para Kurt que eu fazia vídeos, porque ela morou em Liverpool por um tempo e sabia das coisas que eu tinha feito para o Echo and the Bunnymen", ele conta. "Então, Kurt perguntou se eu poderia mandar os vídeos do Echo and the Bunnymen, o que eu fiz, e, de repente, ele e Krist me mandaram alguns faxes com desenhos e uma ideia de um vídeo." Uma cópia do fax enviado por Kurt foi reproduzida no encarte que acompanha o DVD *The Work of Director Anton Corbijn*, com um esboço do campo que seria o cenário principal da filmagem.

Corbijn ficou surpreso com a quantidade de detalhes no "tratamento não ortodoxo" que recebeu.

> Estava tudo mapeado. Era incrivelmente preciso. Mais preciso do que eu já tinha visto para um vídeo. Eu amei, mas, de início,

fiquei um pouco chocado que alguém tivesse tido tantas ideias, porque em geral meus vídeos são minhas próprias ideias. Então, no começo eu pensei: "Bom, talvez eu não deva fazer, se outra pessoa vai colocar suas próprias ideias." Mas depois olhei para aquilo e pensei que na verdade era muito bom. Fiquei impressionado que alguém que compôs uma canção tenha tido ideias tão precisas quanto ele.

O vídeo começa e termina com os membros da banda usando trajes de hospital, olhando para um velho deitado em uma cama, preso a uma sonda ligada a uma bolsa com um feto dentro. Mas a maior parte da ação aconteceu em um ambiente "externo" surreal: um campo de papoulas de um vermelho vivo com uma cruz enorme fincada no centro, ao lado de um bosque de árvores velhas e assustadoras (ambos elementos de cenas cruciais de *O Mágico de Oz*). Na primeira estrofe, o velho do hospital, usando uma tanga e um chapéu de Papai Noel, sobe na cruz. A segunda estrofe apresenta uma garotinha usando um traje da Ku Klux Klan pulando para tentar alcançar os fetos pendurados nas árvores e o velho na cruz (que está usando uma mitra em vez do chapéu de Papai Noel). Também vemos uma mulher gorda usando um traje enorme com órgãos do corpo humano pintados. Na edição final, a banda não é vista tocando durante as estrofes, só nos refrões, embaixo das árvores, com o rosto de Kurt entrando e saindo de foco. As cores são tão vivas que dão ao vídeo um ar quase sinistro.

As referências à Ku Klux Klan tinham aparecido no vídeo de "In Bloom", como é detalhado em *Come As You Are*. Os *Journals* de Kurt também trazem um curto storyboard do vídeo com o chapéu da KKK da garota explodindo (uma ideia que acabou sendo usada no clipe de "Heart-Shaped Box"). Corbijn adicionou alguns de seus próprios toques, e sugeriu usar borboletas e pássaros obviamente falsos (Kurt queria que fossem de verdade) e, inspirado pela capa de *In Utero*, pensou em uma mulher com a "roupa de órgãos" como "uma espécie de Mãe Terra". Também acrescentou uma escada à cruz — "para que o velho pudesse subir, o que achei que seria mais estranho e mais dramático", diz ele.

Corbijn também criou a caixa em que a banda é vista tocando durante o refrão final, com um grande coração na parte de cima. Ele conta:

> Tem uma tomada bem curta em que se vê a caixa toda com o coração no alto. Foi ideia minha, e eles não gostaram. Então, com muito cuidado, durante a filmagem, Krist veio até mim e disse: "Hum, é possível não filmar a distância? Porque nós não gostamos." E, mais tarde, eles de fato gostaram. E o pequeno caminho que atravessa o campo não existia inicialmente, eu criei essa via pelo campo.

Originalmente, Kurt queria que o escritor beatnik William Burroughs fizesse o papel do velho, mas Burroughs recusou. Em vez disso, eles usaram um ator de Los Angeles. "Foi muito difícil encontrar um velho em LA que parecesse velho!", conta Corbijn. Ele nega que a garotinha tenha sido interpretada pela meia-irmã de Kurt.

Kurt acabou usando a mesma camisa de lamê desenhada por Jean Paul Gaultier da sessão de fotos da *Details*. "Deixaram ele ficar com a camisa, contanto que ele não a usasse para outra coisa", Corbijn explica. "E é claro que ela aparece no vídeo." Apesar de aparecer com uma camiseta preta em algumas cenas, em outras Novoselic usa uma camisa azul de manga curta que foi dada por Corbijn no dia da filmagem. Novoselic brinca:

Anton tirou a camisa do corpo e me deu. Porque ele estava pensando no esquema cromático, e não gostou de nenhuma das camisas que eu levei. Então, ele disse: "Você devia usar uma camisa como a que estou usando." E alguém sugeriu: "Bom, por que você não dá sua camisa para ele?" Ele respondeu: "Ok", e me entregou a camisa.

A filmagem aconteceu no fim do verão e foi bastante tranquila. "Kurt foi ótimo, um dos sujeitos mais gentis com quem se pode trabalhar", Corbijn relata. "Estou falando sério. Ele sempre tinha críticas positivas, nenhuma negatividade nem nada." Ele também se lembra de Kurt ficar impressionado com o set final. "Acho que ele não conseguia acreditar, quando entrou, que o cenário tivesse ficado tão parecido com o que ele havia desenhado naquele papel que ele tinha me mandado originalmente."

Houve um momento complicado envolvendo o velho, ainda que a banda não estivesse presente. Cobijn conta:

> Ele desceu da cruz e caiu sangrando. O homem estava em pé, mas de repente desabou, e teve que ser levado para o hospital. E no fim das contas ele tinha câncer e não sabia. O câncer explodiu dentro de seu corpo, e todo aquele sangue estava saindo. Foi muito sério. E você pode imaginar, as pessoas na ambulância, quando chegaram, vendo o cenário com a cruz e tudo o mais, e havia um homem ali deitado sangrando... Não sei ao certo se eles acharam que era um filme *snuff* ou algo assim! Ficamos todos chocados por duas ou três horas, não conseguimos trabalhar, foi bem intenso. E o velho era um homem adorável, uma figura, que tinha sido DJ em uma estação de rádio. Fui visitá-lo no hospital, e Kurt me entregou uma coisa para que eu desse

para ele. Foi bem pesado, porque essa música falava sobre câncer. Foi um pouco assustador.

Kurt e Courtney apareceram enquanto Corbijn estava editando. No primeiro corte, Courtney insistiu para Corbijn usar uma única tomada de Kurt cantando a estrofe final. "Kurt estava incrível", ele conta, "e Courtney queria segurar essa tomada até o fim. Era um take muito longo, mas ela convenceu o marido a concordar." Mas Corbijn também fez sua própria edição, em que usou cenas totalmente diferentes durante a estrofe final, mostrando a mulher gorda andando pelo caminho e Kurt deitado, de olhos fechados, no campo, com fumaça ou névoa surgindo ao redor dele. "De início, usaram a edição de Courtney, e depois lançaram a minha também", Corbijn explicou. "E o meu corte acabou se tornando o clipe." A versão do fotógrafo e diretor é a que se vê no DVD *Anton Corbijn*, que também traz uma entrevista com Kurt, que declara: "Esse vídeo chegou mais perto do que eu vi na minha cabeça, do que imaginei, do que qualquer outro. Não achei que seria possível chegar tão perto." Novoselic concorda: "Anton fez um belo trabalho naquele vídeo."

Mas o trabalho ainda não tinha terminado. Kurt queria filmar em Technicolor, mas foi informado de que o processo não era mais usado nos Estados Unidos. Então, Corbijn deu um jeito de obter um efeito similar, filmando em cores, depois transferindo o filme para preto e branco e, então, colorindo o filme a mão. "Queríamos um tipo de cor difícil de alcançar". Ele explica:

> Filmei em cores e depois transferi para preto e branco porque achei que o preto e branco teria a gradação certa para as cores serem inseridas a mão. Então, fizemos uma versão em preto e branco, e fomos a um lugar em San Diego, passamos algumas

semanas ali, e depois de cada edição, eles coloriram à mão o primeiro quadro. Quando aprovamos, o filme atravessou a fronteira para o México, e havia uma sala com uma centena de pessoas que coloriam a mão cada quadro até o corte seguinte. Levou muito tempo. Mas é por isso que as cores são tão incríveis.

Corbijn acha interessante que, apesar de Fisher ter precisado mudar a contracapa de *In Utero* por causa da colagem de fetos, ninguém comentou sobre os fetos que eram vistos no vídeo. "Quero dizer, temos fetos pendurados em uma árvore, algo bem pesado para a maioria das pessoas", ele conta. "Mas acho que ninguém notou essas coisas porque as cores são muito lindas. Aprendi muito com isso — que as pessoas olham muito para a superfície, não para o conteúdo. Fiquei muito impressionado, preciso admitir." Aliás, haveria questões jurídicas sobre as referências do vídeo, ainda que fosse um problema de atribuição. Em 9 de março de 1994, os advogados de Kerslake moveram uma ação alegando violação de direitos autorais. Mas o processo não teve efeito na distribuição do vídeo, e acabou sendo resolvido extrajudicialmente. Os termos do acordo nunca foram revelados.

Mais tarde Corbijn foi convidado a dirigir o vídeo de "Pennyroyal Tea". "Mas decidi não aceitar", ele conta.

> Porque achei que o vídeo de "Heart-Shaped Box" ficou tão bom que eu nunca poderia fazer algo tão bom ou melhor. Então, eu disse a Kurt que senti que não seria certo para mim fazer aquilo porque eu não queria desapontá-lo. E ele respondeu: "Então tudo bem, nunca mais vou fazer outro vídeo se você não dirigir." E ele não fez.

No entanto, existem dois tratamentos para um clipe de "Rape Me" nos diários de Kurt, com cenas que se passam em uma prisão, cenas de flores e cavalos-marinhos, e um homem sendo preparado para um exame ginecológico. E um roteiro de 23 páginas de uma proposta de vídeo para "Rape Me", com Jeffery Plansker listado como diretor, foi vendido no eBay em janeiro de 2003 por 620 dólares.

Em 8 de setembro de 1994, pouco menos de um ano depois do lançamento, "Heart-Shaped Box" ganhou dois prêmios no MTV Music Video Awards: Melhor Vídeo Alternativo e Melhor Direção de Arte. "Deveria ter ganhado muito mais", na opinião de Corbijn. "Foi o Melhor Vídeo Alternativo, o que é algo ridículo, deveria ter ganhado o prêmio de Melhor Vídeo e ponto final naquele ano."

Novoselic, Grohl e o segundo guitarrista, Pat Smear, subiram ao palco para receber o prêmio de Melhor Vídeo Alternativo. "Seria ridículo dizer que não parece ter alguma coisa faltando", disse Dave Grohl na premiação. "Penso em Kurt todos os dias. E gostaria de agradecer a todos por prestarem atenção à nossa banda."

9. No fim

Entre a finalização de *In Utero* e seu lançamento em setembro, o Nirvana fez três shows: em 9 de abril no Cow Palace, em São Francisco (um evento beneficente para o Grupo de Mulheres Tresnjevka, que oferece auxílio a vítimas de estupro); em 23 de julho no Roseland Ballroom, em Nova York; e em 6 de agosto no King Theater, em Seattle (um concerto beneficente para o Fundo Investigativo Mia Zapata — Zapata foi a vocalista da banda de Seattle The Gits, e tinha sido assassinada no mês anterior), em que tocaram a maioria das canções de *In Utero*. A expectativa sobre o álbum aumentou quando o jornalista da *New Musical Express*, Brian Willis, recebeu antecipadamente uma cópia em consequência de pedir uma entrevista a Courtney Love depois de um show de sua banda, Hole, em 1º de julho no clube Off Ramp, em Seattle. O jornalista acabou sendo convidado para ir à casa de Kurt e Courtney, onde Kurt tocou uma fita do álbum para ele. A matéria de capa do Willis, intitulada "Uma casa na rua Cobain", foi publicada na edição de 24 de julho da *NME*, e ofereceu a primeira análise em profundidade da obra: "Para Kurt, o álbum representa uma viagem de volta ao útero, e, ao ouvi-lo, fica óbvio que ele fez uma profunda investigação interna, com resultados catárticos e, às vezes, maníacos", ele escreveu.

A banda começou a fazer mais divulgação para o álbum durante o verão, e concordou em selecionar entrevistas com a mídia. "Heart-Shaped Box" foi lançada como single em 23 de agosto, com "Milk It" e "Marigold" como lados B. Em setembro, veio o lançamento do álbum. No Reino Unido, *In Utero* foi lançado em vinil e cassete em 13 de setembro, e em CD no dia 14. Nos Estados Unidos, uma edição em vinil foi lançada em 14 de setembro, seguida pelo CD no dia 21. A banda fez uma aparição no *Saturday Night Live* em 25 de setembro, e tocou "Heart-Shaped Box" e "Rape Me". Em outubro, o vídeo de "Heart-Shaped Box" foi lançado, e a banda começou uma turnê pelos Estados Unidos no dia 18 do mesmo mês, com dois novos membros: Pat Smear, do Germs, tocando a segunda guitarra, e Lori Goldston, da Orquestra Black Cat de Seattle, no violoncelo. Em 18 de novembro, eles registraram uma performance para o *MTV Unplugged*. Do set de 14 músicas, três eram de *In Utero*, enquanto quase metade do setlist era composta por covers.

Ninguém esperava que *In Utero* alcançasse as vendas de *Nevermind*. O álbum que se segue a um "blockbuster" raramente se compara a seu antecessor. Mesmo assim, Kurt soou um pouco defensivo quando declarou para Jim DeRogatis:

> Temos certeza de que não vamos vender nem um quarto dele, e estamos totalmente confortáveis com isso porque gostamos muito do álbum. O orgulho que tenho de *Nevermind* não chega à metade do orgulho que tenho desse disco. Fizemos um álbum agressivo de propósito. Estou muito orgulhoso do fato de termos adotado um estilo de gravação diferente, e estamos em uma situação em que é quase garantido que tocaremos no rádio. Eles vão pelo menos experimentar por um tempo e ver como funciona. E só isso já é uma conquista satisfatória.

Na verdade, o álbum foi sucesso tanto comercial quanto de crítica. As vendas nos Estados Unidos na primeira semana foram de 180 mil cópias, e *In Utero* chegou ao primeiro lugar na parada da *Billboard*. No Reino Unido, o álbum também chegou ao primeiro lugar. "Heart-Shaped Box" chegou ao top 10 e alcançou o número 1 na parada de faixas de rock moderno da *Billboard*, e o número 5 no Reino Unido. Muitas críticas foram positivas, ainda que algumas tenham ficado em cima do muro. "O Nirvana chegou a uma mistura quase perfeita de raiva incipiente e simples fúria expressada com eloquência", saiu na *Melody Maker*, enquanto a *NME* foi mais cautelosa: "*In Utero* é um álbum profundamente confuso... Uma confusão, mas uma confusão muito interessante." O *Los Angeles Times* o chamou de "uma gritaria punk audaciosamente satisfatória", acrescentando: "Riffs contagiantes são muito menos frequentes aqui do que em *Nevermind*, claro, mas ainda há uma boa dose de Buzzcocks com Replacements em meio ao peso e ao barulho." Já o *Washington Post* observou: "É uma abordagem diferente para a mesma tensão entre melodia e ruído que tornou *Nevermind* excitante, e funciona: as preocupações de Kurt Cobain podem ser cada vez mais herméticas, mas *In Utero* é, ao mesmo tempo, musical e emocionalmente vasto." "*In Utero* é muitas coisas", foi o veredito da *Rolling Stone*. "Brilhante, corrosivo, raivoso e reflexivo, tudo isso ao mesmo tempo. Mas, acima de tudo, é um triunfo da vontade."

As críticas também confirmaram que o sucesso de *Nevermind* não foi pura sorte: o Nirvana tinha se tornado uma banda solidamente estabelecida, um grupo que, esperava-se, duraria um tempo. Em entrevistas, os membros da banda podem ter expressado incerteza sobre sua longevidade, mas havia também um consenso de que eles lançariam mais álbuns. No entanto,

Kurt foi insistente sobre sua música precisar mudar, embora oscilasse a respeito de como isso poderia acontecer. "Com certeza eu não quero compor mais músicas como 'Pennyroyal Tea' e 'Rape Me'", ele declarou para Michael Azerrad depois das sessões de *In Utero*. "Quero fazer coisas mais new wave, mais vanguarda, com muitas dinâmicas… Quero me transformar no Butthole Surfers, basicamente." Por outro lado, ele disse a David Fricke que o próximo álbum da banda seria "etéreo, acústico", em estilo R.E.M. De todo modo, o desejo de romper com uma fórmula musical que ele considerava "tediosa" se tornou um tema constante nas últimas entrevistas de Kurt.

No entanto, ainda que ninguém tivesse se dado conta, a banda estava em processo de desaceleração. "All Apologies" foi lançada como single em dezembro, com "Rape Me" e "Moist Vagina", discretamente rebatizada de "MV", como lados B. Durante o fim de semana de 28 a 30 de janeiro houve uma sessão de gravação final no Robert Lang Studios em Shoreline, Washington, que resultou em duas jams e na canção "You Know You're Right", que acabaria sendo lançada em 2002 (Grohl e Novoselic também gravaram uma série de outras canções que continuaram inéditas). A última turnê da banda começou com uma aparição no programa da TV francesa *Nulle Part Ailleurs*, em 4 de fevereiro. A turnê acabaria um mês depois, após um show no Terminal Einz, em Munique, em 1º de março, quando o restante dos shows foram cancelados devido aos problemas de saúde de Kurt. No último show, a banda apresentou oito das 12 faixas de *In Utero*. A última canção que eles tocaram naquela noite foi "Heart-Shaped Box". Em 4 de março, enquanto estava em Roma, Kurt foi levado às pressas para o hospital depois de uma overdose causada por uma combinação quase letal de champanhe e o sonífero controlado Rohydorm. Em 8 de abril,

Kurt foi encontrado morto em sua casa em Seattle com um tiro disparado por ele mesmo. Três dias depois, *In Utero* recebeu disco duplo de platina nos Estados Unidos.

O fim súbito, chocante e trágico de Kurt Cobain o imortalizou como um mártir do rock'n'roll, o "ícone rebelde de uma geração", como ele rapidamente foi retratado pela mídia. Mas essa imagem, por vezes, ameaçou ofuscar seu legado artístico. O próprio Kurt em algumas ocasiões depreciou publicamente seu legado. Quando Azerrad perguntou se ele achava que o Nirvana teria um impacto duradouro, Kurt respondeu: "Nem fodendo." Mas o cuidado que ele investiu em todos os aspectos de suas gravações sugere que seu sentimento era outro, assim como suas declarações sobre querer desenvolver mais sua música.

Aliás, a música do Nirvana evoluiu no decorrer dos anos, como fica evidente ouvindo *Bleach*, *Nevermind* e *In Utero* em sequência. Ninguém pode dizer ao certo como seria o próximo trabalho do Nirvana. Mas apesar da pressão de precisar criar um sucessor para um álbum aclamado internacionalmente que vendeu muitos milhões sob a luz inesperada dos holofotes, *In Utero* mostra uma banda no auge e ainda em processo de evolução, ainda interessada em experimentar novas ideias musicais e líricas, ainda envolvida na alegria e na intensidade da criação artística. É o ápice de tudo o que a banda tinha feito até então, além de um prenúncio irresistível do que eles poderiam fazer no futuro.

E o mais importante é que ele se estabeleceu como um álbum de primeira linha por mérito próprio. "É meu álbum favorito do Nirvana", diz Krist Novoselic. "Porque com tudo o que estava acontecendo, o que fizemos foi nos reunir e começar a ensaiar, e deixamos todos os problemas na porta de entrada e começamos a tocar músicas incríveis. E fizemos um álbum. E isso é tudo o que importa."

Bibliografia

Artigos:

Cameron, Keith. This Is Pop. *Mojo*, maio 2001.
Edwards, Gavin. Heaven Can Wait. *Details*, nov. 1993.
DeRogatis, Jim. Womb Service. *Guitar World*, out. 2003.
_____. Complications: The Difficult Birth of *In Utero*. *Guitar World*, out. 2003.
Doyle, Tom. No Pain, No Gain. *Q*, set. 2005.
Fricke, David. Sleepless in Seattle. *Rolling Stone*, 16 set. 1993.
_____. Kurt Cobain: The Rolling Stone Interview. *Rolling Stone*, 27 jan. 1994.
Gaar, Gillian G. Verse Chorus Verse: The Recording History of Nirvana. *Goldmine*, 14 fev. 1997.
_____. Nirvana: The Lost Tapes. *Mojo*, maio 2004.
_____. Collecting Nirvana. *Discoveries*, set. 2004.
_____. Good Riffs. Good Drumming. Great Screaming! *Mojo*, set. 2005.
_____. Nirvana: What's Left in the Vaults? *Goldmine*, 20 set. 2006.
Giles, Jeff. You Call This Nirvana? *Newsweek*, 19 maio 993
Jenkins, Mark. Pop Recordings. *The Washington Post*, 19 set. 1993.
Kot, Greg. Record Label Finds Little Bliss in Nirvana's Latest. *Chicago Tribune*, 19 abr. 1993.
Mitchell, Ben. A Life Less Ordinary. *Q*, dez. 2005.
Mulvey, John. Band of Fallopian Glory. *New Musical Express*, 4 set. 1993.

O'Connell, Sharon. Womb at the Top. *Melody Maker*, 4 set. 1993.

Orshoski, Wes. Dave Grohl: Honor Roll. *Harp*, out. 2005.

Romance, Laurence. I Want to Go Solo Like Johnny Cash: The Unpublished Interview. *Uncut Legends #2: Kurt Cobain*, mar. 2004.

Savage, Jon. Sounds Dirty: The Truth About Nirvana. *The Observer*, 15 ago. 1993.

Scaggs, Austin. On an Honor Roll. *Rolling Stone*, 28 jul. 2005.

Silva, John. Letter of Appeal. *BigO*, nov. 1993.

Stud Brothers, The. Dark Side of the Womb (partes 1 e 2). *Melody Maker*, 21 e 28 ago. 1993.

Sutcliffe, Phil. King of Pain. *Q*, out. 1993.

Thompson, Dave. The Boys Are Back in Town. *Alternative Press*, out. 1993.

True, Everett. In My Head I'm So Ugly. *Melody Maker*, 18 jul. 1992.

_____. Nirvana: Crucified By Success? *Melody Maker*, 25 jul. 1992.

Willis, Brian. Domicile on Cobain Street. *New Musical Express*, 24 jul. 1993.

Willman, Chris. Nirvana's Brash Punk With Spunk. *Los Angeles Times*, 19 set. 1993.

Livros:

Arnold, William. *Shadowland*. Nova York: Jove/HBJ, 1979.

Azerrad, Michael. *Come As You Are*: The Story of Nirvana. Nova York: Main Street Books, 1994.

Borzillo, Carrie. *Nirvana*: The Day By Day Eyewitness Chronicle. Nova York: Thunder's Mouth Press, 2000.

Cobain, Kurt. *Journals*. Nova York: Riverhead Books, 2002.

Peterson, Charles. *Screaming Life*: A Chronicle of the Seattle Music Scene. San Francisco: HarperCollins West, 1995.

Rocco, John (ed.). *The Nirvana Companion*. Nova York: Schirmer Books, 1998.

Sites:

allmusic.com
livenirvana.com
nirvanaguide.com
roadsideamerica.com

Outros:

Entertain Us: The Story of Nirvana. Transmissão da BBC Radio 1, 5 abr. 1999.
Nirvana's Kurt Cobain Debunks Rumors of Geffen Interference with New Album. Release, Geffen Records, 11 maio 1993.
Nirvana: Past Present and Future. Transmissão da MTV, 7 fev. 1994.
The Work of Director Anton Corbijn. DVD, Director's Label/Palm Pictures, 2005.

© Editora de Livros Cobogó

Organização da coleção
Frederico Coelho
Mauro Gaspar

Editora-chefe
Isabel Diegues

Preparação e edição
Mariah Schwartz

Coordenação de produção
Melina Bial

Tradução
Alyne Azuma

Revisão de tradução
João Sette Camara

Revisão final
Clarisse Cintra

Projeto gráfico e diagramação
Mari Taboada

Capa
Radiográfico

CIP-BRASIL. CATALOGAÇÃO-NA-FONTE
SINDICATO NACIONAL DOS EDITORES DE LIVROS, RJ

Gaar, Gillian G.
G11u   In Utero : Nirvana / Gillian G. Gaar ; tradução Alyne Azuma. - 1. ed. - Rio de Janeiro: Cobogó, 2017.
112 p. : il.

Tradução de: In Utero
ISBN 978-85-5591-030-2
1. Nirvana (Conjunto musical). 2. Música - Estados Unidos - Discografia. I. Azuma, Alyne. II. Título.

17-42208
CDD: 782.421630973
CDU: 78.067.26(73)

Nesta edição foi respeitado o Acordo Ortográfico da Língua Portuguesa de 1990, que entrou em vigor no Brasil em 2009.

Todos os direitos em língua portuguesa reservados à
Editora de Livros Cobogó Ltda.
Rua Jardim Botânico, 635/406
Rio de Janeiro – RJ – 22470-050
www.cobogo.com.br

O LIVRO DO DISCO

Organização: Frederico Coelho | Mauro Gaspar

The Velvet Underground and Nico | *The Velvet Underground*
Joe Harvard

A tábua de esmeralda | *Jorge Ben*
Paulo da Costa e Silva

Estudando o samba | *Tom Zé*
Bernardo Oliveira

Endtroducing... | *DJ Shadow*
Eliot Wilder

LadoB LadoA | *O Rappa*
Frederico Coelho

Daydream nation | *Sonic Youth*
Matthew Stearns

As quatro estações | *Legião Urbana*
Mariano Marovatto

Unknown Pleasures | *Joy Division*
Chris Ott

Songs in the Key of Life | *Stevie Wonder*
Zeth Lundy

Electric Ladyland | *Jimi Hendrix*
John Perry

Led Zeppelin IV | *Led Zeppelin*
Erik Davis

Harvest | *Neil Young*
Sam Inglis

Paul's Boutique | *Beastie Boys*
Dan LeRoy

Refavela | *Gilberto Gil*
Maurício Barros de Castro

2017

———————

1ª impressão

Este livro foi composto em Helvetica.
Impresso pelo Grupo SmartPrinter,
sobre papel offset 75g/m².